全身拉伸
缓解疼痛高效放松

杨斌 编著

U0125991

人民邮电出版社
北京

图书在版编目（CIP）数据

全身拉伸：缓解疼痛，高效放松 / 杨斌编著. --
北京：人民邮电出版社，2023.9
ISBN 978-7-115-55707-0

Ⅰ.①全… Ⅱ.①杨… Ⅲ.①健身运动 Ⅳ.
①G883

中国版本图书馆CIP数据核字(2020)第261331号

免责声明

本书内容旨在为大众提供有用的信息。所有材料（包括文本、图形和图像）仅供参考，不能替代医疗诊断、建议、治疗或来自专业人士的意见。所有读者在需要医疗或其他专业协助时，均应向专业的医疗保健机构或医生进行咨询。作者和出版商都已尽可能确保本书技术上的准确性以及合理性，并特别声明，不会承担由于使用本出版物中的材料而遭受的任何损伤所直接或间接产生的与个人或团体相关的一切责任、损失或风险。

内 容 提 要

有效的拉伸可以缓解全身紧张，改善身心状态。本书遵循"短时间、高效率"的原则，针对现代人快节奏的生活方式，提供了一系列随时随地都能做的拉伸小动作，覆盖颈、肩、手臂、腕部、胸背、腹部、臀部、腿部和足部，能够解放你的肌肉，使你告别紧绷和僵硬，在繁忙的日程中，为身体注入活力。同时，本书给出了适合不同人群的拉伸计划，适合久坐族、手机重度使用者、跑者和健身人士等阅读。

- ◆ 编　著　杨　斌
- 责任编辑　李　璇
- 责任印制　周昇亮
- ◆ 人民邮电出版社出版发行　　北京市丰台区成寿寺路 11 号
- 邮编　100164　电子邮件　315@ptpress.com.cn
- 网址　https://www.ptpress.com.cn
- 北京天宇星印刷厂印刷
- ◆ 开本：700×1000　1/16
- 印张：10.5　　　　　　　2023 年 9 月第 1 版
- 字数：235 千字　　　　　2023 年 9 月北京第 1 次印刷

定价：39.80 元

读者服务热线：(010)81055296　印装质量热线：(010)81055316
反盗版热线：(010)81055315
广告经营许可证：京东市监广登字 20170147 号

在线视频访问说明

本书提供了部分动作教学视频，您可以按照以下步骤，获取并观看本书配套视频。

步骤1

- 点击微信聊天界面右上角的"+"，弹出功能菜单（图1）。点击 "扫一扫"，扫描下方二维码。

步骤2

- 添加"阿育"为好友（图2），进入聊天界面并回复关键词【55707】（图3），等待片刻。

步骤3

- 点击弹出的视频链接，进入视频列表，选择对应章节、对应动作，即可直接观看视频（图4）。

图1

图2

图3

图4

目 录

作者简介　165

第1章

拉伸的基础知识

1

什么是拉伸

　　拉伸是通过利用自身重力或外力和改变身体姿势等方式对身体各部位肌肉施加一定的拉力，对肌肉进行牵拉与伸展的运动。

什么情况下需要拉伸

　　日常生活中，柔韧性差和运动疲劳是很多运动创伤的诱发因素。如果你觉得身体疲劳、乏力或紧绷就可以利用拉伸来缓解。

　　运动前拉伸能够提高自身肌肉的弹性和韧带的延展性，降低运动中拉伤的风险。

　　运动后拉伸可以缓解短期酸痛和延迟性肌肉酸痛，降低肌肉的紧张度，有助于避免肌肉失衡，缓解运动疲劳，促进血液循环，加快代谢速度。

拉伸有哪些好处

我们在日常工作、生活中常会因为长时间保持一个姿势而出现身体肌肉酸痛的情况，长此以往就会引起慢性伤病。这时我们可以用拉伸来进行缓解。接下来就为大家介绍一下拉伸对身体的好处。

缓解肌肉紧张

乳酸是肌肉运动后所产生的代谢物质。我们在运动后可以通过静态拉伸，来缓解由于乳酸堆积带来的肌肉酸痛。这种持续的肌肉和韧带的舒展与拉伸，可以加快乳酸排出速度，帮助我们改善运动后的不适感，从而提升运动体验。

预防肌肉损伤

运动前的拉伸可以帮助我们改善自身肌肉的延展性，预防在强度较大的活动中可能引起的肌肉损伤。

提升身体的柔韧性

长时间坚持运动后拉伸，可以使我们自身的关节活动度和柔韧性得到提升，在进行运动的时候，就会更加轻松且不易受伤。

提高身体的协调能力

运动后的拉伸不仅可以缓解肌肉僵硬，同时还有助于提高小肌肉或小肌群的精细运动能力，增强和改善运动时肌肉间的协调能力。

有利于塑造肌肉线条

拉伸运动可以帮助我们改善由不良姿势或训练不当导致的肌肉紧张问题，改善体态，使肌肉线条更好，气质更佳，提升个人魅力。

拉伸方法的分类

拉伸方法一般按照是否有辅助器械和外力分为主动拉伸和被动拉伸。

主动拉伸

主动拉伸是在不借助辅助器械和外力的情况下，通过用自身力量使目标肌肉的拮抗肌收缩，产生所需的力量，以达到拉伸目标肌肉的目的。这一类型的拉伸动作虽具挑战性，但风险较低。

被动拉伸

被动拉伸是一种缓慢而放松的拉伸，是指在辅助器械或外力的帮助下完成拉伸动作，使肢体在一定时间内保持在固定的位置上。这一类型的拉伸动作不需要很大的辅助力量，但如果在拉伸中使用的外力超出了自身的柔韧性，还是会造成一定的损伤，所以要适度拉伸。

主动拉伸动作展示

被动拉伸动作展示

拉伸技法

动态拉伸

　　动态拉伸是在完成动作时，有节奏控制地将肌肉牵拉至一定的长度，维持较短的时间，需要在重复移动或动态运动中完成，并循环多次。该拉伸方式可加强对神经肌肉的刺激，提高肌肉兴奋性，适合在运动前进行。

　　需要注意动态拉伸与弹震式拉伸的区别，动态拉伸的控制力较强，而弹震式拉伸的控制力较弱。弹震式拉伸具有一定的风险性，需要经过专业的指导后再进行。

静态拉伸

　　静态拉伸是一种常见的拉伸方式，需在完成动作时，有控制地将肌肉拉伸至最长的状态，并维持 10~30 秒。该拉伸方式可以安全、有效地降低神经肌肉的兴奋性，缓解肌肉的疲劳，同时提高肌肉柔韧性，适合在运动后进行。

动态拉伸动作展示

静态拉伸动作展示

弹震式拉伸

　　弹震式拉伸是指利用外力而进行肌肉反弹的一种传统拉伸方式，也就是利用反弹运动让肢体从初始姿势移动至拉伸姿势。这种拉伸方法比较适合专业运动员，初学者应在专业教练的指导下进行。

PNF 拉伸

　　PNF 拉伸是一种特殊的拉伸方法，在运动中先让肌肉进行强力收缩，使身体神经对这种收缩进行强制控制，当肌肉接收到大脑经神经发给它的松弛信息以后，再进行伸展运动，使肌肉放松。PNF 拉伸对肌肉的柔韧性有很好的改善效果，适合在运动前后进行。

解剖学原理

在进行拉伸之前，我们先了解一下人体各部位肌肉的位置和名称，这样才能更好地理解拉伸，增强拉伸的效果。

人体关键肌肉图

解析关键

＊表示深层肌肉

正面

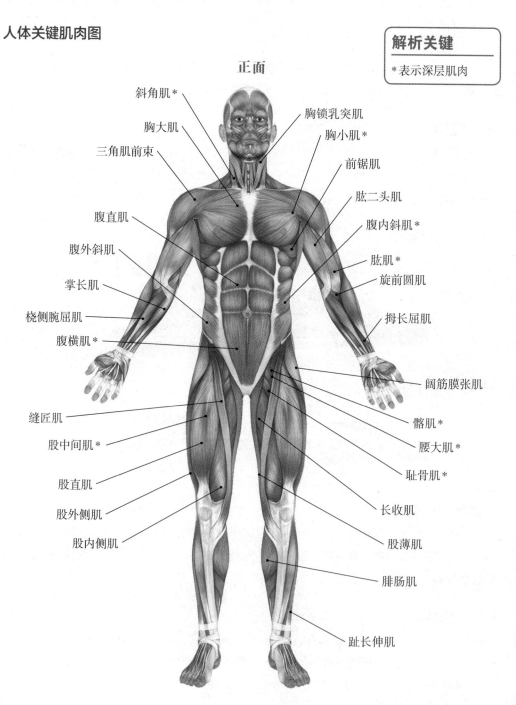

斜角肌＊

胸大肌

三角肌前束

腹直肌

腹外斜肌

掌长肌

桡侧腕屈肌

腹横肌＊

缝匠肌

股中间肌＊

股直肌

股外侧肌

股内侧肌

胸锁乳突肌

胸小肌＊

前锯肌

肱二头肌

腹内斜肌＊

肱肌＊

旋前圆肌

拇长屈肌

阔筋膜张肌

髂肌＊

腰大肌＊

耻骨肌＊

长收肌

股薄肌

腓肠肌

趾长伸肌

解析关键

*表示深层肌肉

背面

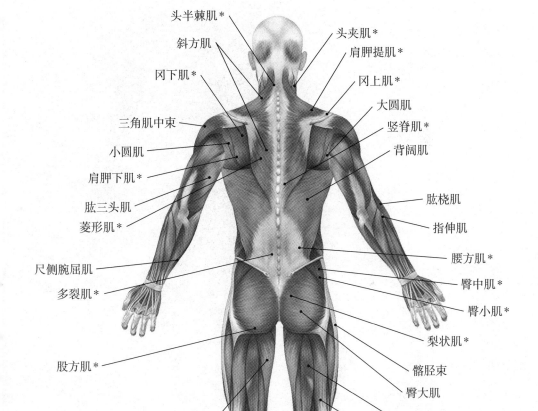

头半棘肌*
斜方肌
冈下肌*
三角肌中束
小圆肌
肩胛下肌*
肱三头肌
菱形肌*
尺侧腕屈肌
多裂肌*
股方肌*
大收肌
腓肠肌
比目鱼肌

头夹肌*
肩胛提肌*
冈上肌*
大圆肌
竖脊肌*
背阔肌
肱桡肌
指伸肌
腰方肌*
臀中肌*
臀小肌*
梨状肌*
髂胫束
臀大肌
半腱肌
股二头肌
半膜肌
胫骨后肌*
腓骨长肌
跟腱

解剖学三轴与三面

冠状面

冠状面也称额状面,是在左右方向上对人体进行垂直纵切,将人体分成前、后两部分的剖面。

矢状面

矢状面是将人体分为左、右两部分的剖面,在前、后方向对人体进行垂直纵切。

水平面

水平面又称横切面,将人体分为上、下两部分的剖面。

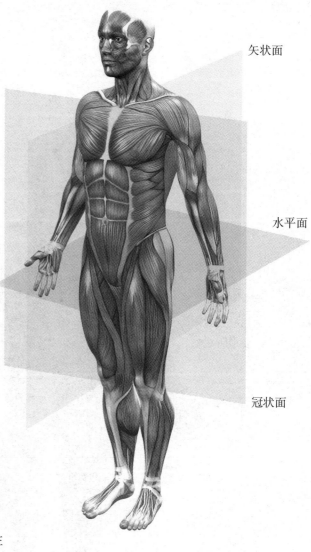

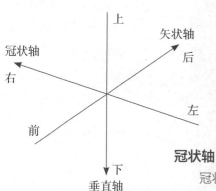

冠状轴

冠状轴是人体的左、右方向水平轴,与人体的长轴和矢状轴垂直。

矢状轴

矢状轴是人体的前、后方向水平轴,与人体的长轴和冠状轴互相垂直。

垂直轴

垂直轴是人体的上、下方向轴,与人体的长轴平行,与冠状轴垂直。

拉伸的十大原则

为了提供更加全面且效果显著的拉伸方法，在经过多方面的资料查阅和研究学习后，本书总结出了拉伸运动的10个基本原则供大家学习，下面就为大家依次介绍。

原则1：呼吸与动作同步

调整呼吸，确保呼吸与拉伸动作同步。人体的呼吸不仅是为了满足身体组织对氧的需求，还与神经系统共同调节人体的心率、血压等，并最终加快或放缓呼吸速度，形成一定的呼吸节奏，来调节人体的运动状态。

呼吸的节奏不同，会引起人体不同的表现。快速并大口的呼吸，会调动我们身体的呼吸肌努力工作，交感神经系统受到刺激产生兴奋，动员胸腔或颈部与呼吸相关的肌肉也努力工作，进入辅助呼吸的状态，使身体整体处于紧张状态。相反，舒缓的呼吸方式则有助于身体放松。

对于拉伸动作来说，放缓呼吸节奏、放松身体是拉伸动作顺利进行的保证条件。拉伸是为了改变身体紧张的状态，这种状态包括肌肉等的紧张，以及精神上的紧张。首先，通过舒缓的呼吸方式让精神从紧绷状态中解放出来，降低肌肉的张力，再通过对肌肉的拉伸，使其解除紧绷状态。因此，调整好呼吸，使其更好地配合拉伸动作，可以更科学地进行拉伸，加快肌肉放松的进程。

原则2：调节神经系统

调节神经系统，确保神经系统与身体状态相符合。这里所说的调节神经系统，是指通过神经系统的调节，提高身体的柔韧性，使身体状态适应接下来要进行的运动。

我们都知道在运动前要进行热身，在运动后要进行拉伸，但在运动前的热身动作中，是否要用拉伸的动作，一直存在着争议。这个争议并不在于热身中做不做拉伸动作，而在于所做的动作，是否与接下来将要进行的运动相符合，比如动态拉伸动作。动态拉伸动作可以提高呼吸频率与拉伸速度，短时间内尽可能拉伸较多部位的肌肉，增大动作的幅度，从而加速血液流动，并促进身体将氧输送至周身各部位，使身体做好运动的准备。所以动态拉伸动作适合在运动的热身环节中进行。

在热身动作中，我们运用动态拉伸动作可以快速提升身体活力，在运动后的放松中，为了尽快消除肌肉疲劳，恢复肌肉的柔韧性，我们推荐静态拉伸动作。在静态拉伸动作中，我们需要调节呼吸。随着动作幅度的加大，呼吸节奏也要与动作同步；呼吸间隔变大，此时对心脏跳动有抑制作用的副交感神经系统开始发挥作用，使心率降低，身体紧张度下降，肌肉张力变小，身体逐渐恢复到平静状态。

原则3：遵循身体解剖顺序

　　遵循身体解剖原理，讲究科学的拉伸顺序。我们在进行拉伸时，如果想要获得最佳的肌肉拉伸效果，按照身体解剖顺序进行拉伸是十分有必要的，其基本顺序是：关节囊拉伸→关节囊之上的深层肌肉拉伸→皮肤表层拉伸。只有将关节囊和单关节肌的柔韧性变强之后，才能让多关节肌拉伸效果更明显，因为肌肉层和结缔组织的生理活动顺序就是由内及外、由短及长。

　　按照这个顺序来拉伸，首先放松的是身体深层的组织，深层组织的变化，可以激发身体的条件反射，带动其他身体部位做出与其相适应的改变。

　　除此之外，在拉伸顺序上还应考虑另一个顺序，即如果有肌肉因紧缩而造成关节活动障碍，想使该肌肉恢复功能，则要优先拉伸该侧的肌肉。

原则4：适当加大拉伸幅度

　　拉伸时，拉伸动作的幅度要控制在什么范围内呢？虽然很多运动中的拉伸会带来疼痛，但拉伸具有放松肌肉、提升身体柔韧性的效果，我们不应该感到疼痛，甚至要避免疼痛。其拉伸幅度应控制在：在身体不感到疼痛的前提下，尽量加大拉伸幅度。这是因为我们的身体在不感到疼痛的前提下，也可以获取很好的拉伸效果，所以没有必要造成疼痛。如果拉伸时产生了疼痛感，很有可能是拉伸强度太大，或是动作不符合生物力学特征，又或是呼吸节奏不合适。

　　拉伸时会出现一种不好的效果，即拉伸反弹效应，具体表现为刚拉伸过的肌肉重新变得紧张，或者在48小时后出现酸痛感而肌肉再次紧张。拉伸反弹效应的出现，主要是因为拉伸动作的强度太大、速度太快，或拉伸动作保持的时间太长。拉伸强度过大容易导致肌肉损伤，因为在这种情况下，肌肉出于自我保护的本能，会出现收缩；拉伸速度太快，或者拉伸得过于突然，都会引起肌肉的牵张反射，使肌肉出现紧缩；而拉伸时间过长，也会引起肌肉的损伤，因为拉伸后肌肉出于自我保护的本能，从而出现收缩。

原则5：注意拉伸筋膜

　　拉伸同样要考虑筋膜。我们通常认为拉伸的是肌肉，但筋膜同样是体现我们身体柔韧性的重要组织。筋膜是一种体内结缔组织，覆盖在人体各组织的表面，就像一张网将人体组织包裹起来。筋膜的连接作用帮助人体的肌肉和器官成为彼此相连的整体。

　　因此在拉伸时，我们的关注点不能局限于一块肌肉，还要用筋膜链知识辅助进行拉伸。比如我们对一处肌肉进行单独拉伸时，有时候并不能完全缓解肌肉的紧缩状况，也不能完全缓解肌肉的疼痛，这是因为与其相关联的其他肌肉并没有得到放松，从而导致该肌肉得不到放松。因此，要对与该肌肉相联系的筋膜链进行拉伸，才能从整体上缓解肌肉的紧张。比如大腿后侧腘绳肌的拉伸，往往需要同时拉伸筋膜链上的髋关节囊以及相关联的屈髋肌群，才能从根本上放松腘绳肌。

另外，筋膜本身也需要拉伸。长期不正确的动作会引起筋膜结构的不平衡，形成筋膜结节，引起身体的疼痛，加剧肌肉的紧张状态。通过拉伸松解筋膜结节，将筋膜结构恢复至其原有的状态，既能消除身体的疼痛感和紧张感，也能提高运动的能力。

原则6：多平面拉伸

尽量采用多平面拉伸。"平面"是指在标准解剖学姿势下，身体的矢状面、冠状面与水平面。拉伸动作可以涉及多个平面，从身体各角度对肌肉和关节进行拉伸，增强肌肉的柔韧性，扩大关节的活动范围。

另外，多平面拉伸可以帮助运动员建立平衡的身体状态，使四肢肌肉达到同样的放松水平，关节达到同样的活动度。这样运动员在做动作时，身体整体是一个平衡的状态，动作也会更加准确、平稳，运动表现更出色。

原则7：整体拉伸

拉伸时还应该注意关节的整体性。通常提起拉伸关节部位，主要是指拉伸此关节相关联的肌肉。但关节的整体性既包括与之相关联的肌肉，也包括关节囊、关节周围软组织（比如筋膜链）、骨骼以及与该关节活动紧密关联的小关节。其中最为重要的是关节囊的整体性和灵活性。

关节囊是将关节及关节周围与骨骼相连部位都包裹起来的囊状结构。如果关节囊紧缩，对关节活动度和人体柔韧性有很大影响，相关联的肌肉活动也同样受到限制，这样就会降低动作的效率，或者出现动作代偿，就意味着有运动损伤出现的风险。如果长期得不到改善，会进一步引发关节炎、滑囊炎、肌腱炎等病症。因此对关节进行拉伸时，要针对关节囊的整体性，考虑关节囊周围相关的其他结构。

原则8：避免牵张反射

当肌肉被突然拉伸到一定长度时，身体感受器会感知到肌肉长度的变化，并将这个信息传递到中枢神经系统。中枢神经系统会对这些信息进行处理，并通过神经回路将反馈信号传递回肌肉，使肌肉能快速地收缩并缩短，从而保护肌肉和肌腱不被过度拉伸。这种反射叫作牵张反射，是身体自我保护机制的一种表现。

在进行拉伸练习时，我们需要避免产生牵张反射，以免影响拉伸效果。放松和缓慢拉伸是减少牵张反射影响的有效方法，它们能够使身体逐渐适应拉伸肌肉的力度和范围，降低牵张反射的反应程度。

原则9：利用本体反射拉伸

利用人体的本体反射进行拉伸，在短时间内就能增大关节的活动范围，这种拉伸叫作"本体感觉神经肌肉促进法（简称为PNF）"，这种方法充分利用人体的神经系统，增强人体的机能，并用于增强人体的整体柔韧性。

PNF主要有"收缩-放松"、"保持-放松"和"保持-放松-主动肌收缩"这3种方式，能很好地改善关节的活动度与身体的柔韧性。

原则10：制定拉伸计划

有目标地制定并调整拉伸计划。每个人在制定自己的拉伸目标时，要根据自身的拉伸水平来定制，并且在自身拉伸水平提升后，及时根据实际情况调整拉伸计划。调整时，除了动作的难易程度变化外，还可以改变动作的量，如拉伸的次数、组数、拉伸动作所持续的时间、两组动作之间的间歇时间等。有时候也可以根据自身的精神状况来调整，或者在有赛事要参加的时候根据赛事临时调整拉伸计划。

总之，要在确保不产生疼痛的前提下，根据自己的目标调整拉伸计划。

拉伸运动的注意事项

适度的拉伸运动可以提高自身的身体素质，而过度的拉伸则会造成身体损伤，那么在拉伸运动中有哪些需要注意的事项呢？

保持动作和呼吸的稳定性

拉伸动作应该尽可能地缓慢一些，呼吸要平稳，以保持动作的准确性，不要过于急躁或用力过猛。拉伸中以感到肌肉有紧绷感为最佳，保持一定时间即可。

进行适当的热身活动

拉伸并不能代替热身，在天气寒冷的情况下或在做某些高强度的运动前要先进行适当的热身活动，以避免运动中肌肉损伤。

拉伸运动要适度

人体的肌肉就像皮筋，如果没有节制地拉伸会很快失去原有的弹性，所以拉伸运动一定要适度，给肌肉缓冲的余地。

避免在身体受伤的情况下拉伸

如果近期受过较严重的外伤或存在肌肉、关节损伤的情况，在未征得医务人员同意的情况下，不能擅自进行拉伸运动，避免再次撕裂伤处。

服用止疼药物后需小心拉伸

这种情况多出现在现役运动员的身上，他们会为了减轻身体上的疼痛而服用一些止疼消炎的药物。这类药物会使人体对拉伸时产生的压力不那么敏感，容易发生意外，故在拉伸练习中要极为小心。

第2章

全身拉伸计划

全身拉伸动作组合

　　全身拉伸是同时兼顾上半身与下半身的动作组合，可以消除肌肉酸痛和疲劳，有利于身体恢复。而大部分人最为苦恼的一点就是不知道有什么比较好的动作可以进行组合练习，所以在这节中，我们就推荐给大家几套动态拉伸动作组合和静态拉伸动作组合，供大家参考。

15分钟动态拉伸动作组合

　　这套动态拉伸动作组合主要是进行热身。在锻炼或比赛前进行这些拉伸，可以增大全身的活动范围，提高肌肉组织温度，并降低受伤风险。每个动作时间为5秒，每侧做6次，交替完成。（拉伸动作中转换下一个新动作的时间间隔为1~2秒）

---

①臀部外侧动态拉伸 p.110
- 目标肌肉：臀大肌、臀中肌、臀小肌
- 总时间：60秒
- 次数：6次/侧

②臀部动态拉伸 p.109
- 目标肌肉：臀大肌
- 总时间：60秒
- 次数：6次/侧

③竖叉动态拉伸 p.136
- 目标肌肉：腘绳肌、股四头肌
- 总时间：60秒
- 次数：6次/侧

④交替–直膝抬腿 p.132
- 目标肌肉：腘绳肌
- 总时间：60秒
- 次数：6次/侧

⑤下背部动态拉伸 p.81
- 目标肌肉：竖脊肌、腰方肌
- 总时间：60秒
- 次数：12次

⑥蛙式–动态拉伸 p.155
- 目标肌肉：耻骨肌、长收肌、短收肌、大收肌、股薄肌
- 总时间：60秒
- 次数：12次

⑦扩胸运动 p.60

- 目标肌肉：胸大肌
- 总时间：60秒
- 次数：12次

⑧双臂水平胸前移动 p.61

- 目标肌肉：胸大肌、胸小肌
- 总时间：60秒
- 次数：12次

⑨肩胛骨前伸后缩 p.78

- 目标肌肉：菱形肌、斜方肌
- 总时间：60秒
- 次数：12次

⑩肩外展运动 p.52

- 目标肌肉：三角肌
- 总时间：60秒
- 次数：12次

⑪肩部画圈 p.50

- 目标肌肉：三角肌、斜方肌
- 总时间：60秒
- 次数：12次

⑫肩部向前绕环 p.51

- 目标肌肉：三角肌、斜方肌
- 总时间：60秒
- 次数：12次

⑬手臂环绕 p.71

- 目标肌肉：前臂肌群
- 总时间：60秒
- 次数：12次

⑭手腕旋转 p.73

- 目标肌肉：前臂肌群
- 总时间：60秒
- 次数：12次

⑮手指对抗伸展 p.75

- 目标肌肉：屈指肌群
- 总时间：60秒
- 次数：12次

15分钟静态拉伸动作组合

这套动作组合强调的是静态拉伸运动，可以在运动之后伸展以缓解肌肉的疼痛和疲劳，还可以增大身体关节的活动范围，保持身体的柔韧性，同时调整身体状态，避免受伤。每侧保持25秒拉伸。（拉伸动作中转换下一个新动作的时间间隔为1~2秒）

①站姿－屈髋肌拉伸p.122

- 目标肌肉：髂腰肌
- 时间：25秒/侧
- 组数：1组

②站姿－大腿前侧拉伸p.125

- 目标肌肉：股四头肌
- 时间：25秒/侧
- 组数：1组

③髂腰肌拉伸p.131

- 目标肌肉：髂腰肌
- 时间：25秒/侧
- 组数：1组

④扭转拉伸p.105

- 目标肌肉：腹外斜肌、腹内斜肌、臀大肌
- 时间：25秒/侧
- 组数：1组

⑤坐姿－臀外展肌拉伸p.111

- 目标肌肉：臀中肌、阔筋膜张肌、腹内斜肌、腹外斜肌
- 时间：25秒/侧
- 组数：1组

⑥跪姿－背部拉伸p.87

- 目标肌肉：背阔肌
- 时间：25秒/侧
- 组数：1组

⑦蛙式－动态拉伸p.155

- 目标肌肉：耻骨肌、长收肌、短收肌、大收肌、股薄肌
- 时间：25秒/组
- 组数：2组

⑧站姿－颈部拉伸p.43

- 目标肌肉：斜方肌、斜角肌
- 时间：25秒/侧
- 组数：1组

⑨胸部拉伸p.62

- 目标肌肉：胸大肌、三角肌
- 时间：25秒/组
- 组数：2组

⑩站姿－三角肌后束拉伸 p.54

- 目标肌肉：三角肌后束
- 时间：25秒/侧
- 组数：1组

⑪坐位股四头肌拉伸 p.157

- 目标肌肉：股四头肌、髂腰肌
- 时间：25秒/组
- 组数：2组

⑫跪姿－屈髋肌拉伸 p.154

- 目标肌肉：髂腰肌
- 时间：25秒/侧
- 组数：1组

⑬横叉－俯身拉伸 p.135

- 目标肌肉：大腿内收肌、腘绳肌
- 时间：25秒/组
- 组数：2组

⑭俯卧－腹部拉伸 p.95

- 目标肌肉：腹直肌
- 时间：25秒/组
- 组数：2组

⑮臀部拉伸 p.112

- 目标肌肉：臀大肌、臀中肌、臀小肌、梨状肌
- 时间：25秒/侧
- 组数：1组

⑯下蹲抬臂 p.104

- 目标肌肉：腹外斜肌、腹内斜肌
- 时间：25秒/侧
- 组数：1组

⑰坐姿－上背部拉伸 p.83

- 目标肌肉：菱形肌、斜方肌
- 时间：25秒/组
- 组数：2组

⑱过顶－肱三头肌拉伸 p.69

- 目标肌肉：肱三头肌
- 时间：25秒/侧
- 组数：1组

久坐者拉伸计划

久坐也许是大多数人的常态，但久坐也是"体态杀手"。所以在这一节，我们就推荐给大家几套侧重腰背部、胸部、手部等的简单拉伸计划，在椅子上就可以练习。

5分钟静态手部拉伸

这套手部拉伸动作是针对手指的放松动作，无需工具，动作简单易学，随时随地可以进行。这些动作可以帮助我们更好地放松手部，缓解手部僵硬，适用于手部长时间做重复性动作的人群。每组30秒。（拉伸动作中转换下一个新动作的时间间隔为1~2秒）

①手指拉伸 p.74

- 目标肌肉：屈指肌群
- 时间：30秒/组
- 组数：2组

②手腕伸肌拉伸 p.72

- 目标肌肉：桡侧腕伸肌、尺侧腕伸肌
- 时间：15秒/侧/组
- 组数：2组

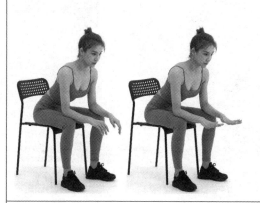

③手腕旋转 p.73

- 目标肌肉：前臂肌群
- 时间：30秒/组
- 组数：2组

④手指对抗伸展 p.75

- 目标肌肉：屈指肌群
- 时间：30秒/组
- 组数：2组

10分钟肩颈压力缓解

在工作中进行短暂休息的时候，可以进行这套动作组合，让我们的肩颈放松，使肩颈问题得到很好的改善，更易于集中注意力。其中前三个动作每侧各拉伸30秒，后六个动作每组30秒共完成2组。（拉伸动作中转换下一个新动作的时间间隔为1~2秒）

---

①站姿-颈部拉伸 p.43
- 目标肌肉：斜方肌、斜角肌
- 时间：30秒/侧
- 组数：1组

②坐姿-颈部后侧拉伸 p.44
- 目标肌肉：斜方肌、肩胛提肌
- 时间：30秒/侧
- 组数：1组

③坐姿-颈部拉伸1 p.45
- 目标肌肉：胸锁乳突肌、斜角肌
- 时间：30秒/侧
- 组数：1组

---

④手臂环绕 p.71
- 目标肌肉：前臂肌群
- 时间：30秒/组
- 组数：2组

⑤肩部画圈 p.50
- 目标肌肉：三角肌、斜方肌
- 时间：30秒/组
- 组数：2组

⑥肩外展运动 p.52
- 目标肌肉：三角肌
- 时间：30秒/组
- 组数：2组

---

⑦肩部向前绕环 p.51
- 目标肌肉：三角肌、斜方肌
- 时间：30秒/组
- 组数：2组

⑧站姿-三角肌后束拉伸 p.54
- 目标肌肉：三角肌后束
- 时间：30秒/组/侧
- 组数：1组

⑨单侧肩部拉伸 p.55
- 目标肌肉：三角肌后束
- 时间：30秒/组/侧
- 组数：1组

10分钟改善身体僵硬

这套拉伸动作能够让我们的身体得到更好的伸展。下面就为大家介绍几种拉伸方式。（拉伸动作中转换下一个新动作的时间间隔为1~2秒）

①胸部拉伸 p.62

- 目标肌肉：胸大肌、三角肌
- 时间：30秒 / 组
- 组数：2组

②扶椅手臂下压 p.86

- 目标肌肉：背阔肌、胸大肌、胸小肌、前锯肌
- 时间：30秒 / 组
- 组数：2组

③站姿－屈髋肌拉伸 p.122

- 目标肌肉：髂腰肌
- 时间：30秒 / 侧
- 组数：1组

④俯卧－腹部拉伸 p.95

- 目标肌肉：腹直肌
- 时间：30秒 / 组
- 组数：2组

⑤猫式拉伸 p.88

- 目标肌肉：竖脊肌
- 时间：30秒 / 组
- 组数：2组

⑥弓步－侧向拉伸 p.82

- 目标肌肉：背阔肌、腹外斜肌、腹内斜肌、髂腰肌
- 时间：30秒 / 侧
- 组数：1组

⑦坐位股四头肌拉伸 p.157

- 目标肌肉：股四头肌、髂腰肌
- 时间：30秒 / 组
- 组数：2组

⑧横叉－俯身拉伸 p.135

- 目标肌肉：大腿内收肌、腘绳肌
- 时间：30秒 / 组
- 组数：2组

⑨侧腹部拉伸 p.97

- 目标肌肉：腹外斜肌、腹内斜肌、腰方肌
- 时间：30秒 / 侧
- 组数：1组

10分钟下腰背放松

下腰背疼痛多是由于姿势不当而引起的症状之一。长时间开车和坐姿办公等行为也会引起下腰背疼痛。这套拉伸动作将有助于改善姿势，并增强背部力量。（拉伸动作中转换下一个新动作的时间间隔为1~2秒）

①下背部动态拉伸p.81
- 目标肌肉：竖脊肌、腰方肌
- 时间：30秒/组
- 组数：2组

②俯身－转体p.102
- 目标肌肉：腹外斜肌、腹内斜肌
- 时间：30秒/组
- 组数：2组

③站姿－骨盆倾斜p.96
- 目标肌肉：腹直肌、腰方肌、髂腰肌
- 时间：60秒
- 组数：1组

④髂腰肌拉伸p.131
- 目标肌肉：髂腰肌
- 时间：30秒/侧
- 组数：1组

⑤弓步－侧向拉伸p.82
- 目标肌肉：背阔肌、腹外斜肌、腹内斜肌、髂腰肌
- 时间：30秒/侧
- 组数：1组

⑥腰背部拉伸p.80
- 目标肌肉：腰方肌、腹外斜肌、腹内斜肌
- 时间：30秒/组
- 组数：2组

⑦跪姿－背部拉伸p.87
- 目标肌肉：背阔肌
- 时间：30秒/侧
- 组数：1组

⑧猫式拉伸p.88
- 目标肌肉：竖脊肌
- 时间：30秒/组
- 组数：2组

⑨婴儿式p.89
- 目标肌肉：背阔肌、竖脊肌
- 时间：30秒/组
- 组数：2组

跑者拉伸计划

跑者要选择适合自己的拉伸方式来缓解肌肉紧张和关节疼痛，只有这样才能提升跑步的质量。接下来列举适用于跑者的拉伸计划。

15分钟跑者拉伸计划

在跑步运动中要想长时间地维持活动，就需要下肢的强大力量。这套拉伸动作可以增强耐力，缩短恢复时间。(拉伸动作中转换下一个新动作时间间隔为1~2秒)

①臀部外侧动态拉伸 p.110
- 目标肌肉：臀大肌、臀中肌、臀小肌
- 时间：60秒
- 组数：1组

②交替－前踢触脚尖 p.138
- 目标肌肉：臀大肌、腘绳肌
- 时间：60秒
- 组数：1组

③交替－侧弓步 p.137
- 目标肌肉：臀大肌、腘绳肌、内收肌群
- 时间：60秒
- 组数：1组

④跪姿－屈髋肌拉伸 p.154
- 目标肌肉：髂腰肌
- 时间：30秒/侧
- 组数：1组

⑤前后踮脚尖 p.141
- 目标肌肉：小腿肌群
- 时间：30秒/组
- 组数：2组

⑥前后摆腿 p.142
- 目标肌肉：髂腰肌、股四头肌、臀大肌、腘绳肌
- 时间：30秒/侧
- 组数：1组

⑦俯卧－腹部拉伸 p.95
- 目标肌肉：腹直肌
- 时间：30秒/组
- 组数：2组

⑧站姿－侧屈 p.103
- 目标肌肉：腹直肌、腹外斜肌、腹内斜肌
- 时间：30秒/侧
- 组数：1组

⑨大腿前侧拉伸 p.124
- 目标肌肉：股四头肌
- 时间：30秒/侧
- 组数：1组

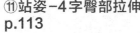

⑩坐位股四头肌拉伸 p.157
- 目标肌肉：股四头肌、髂腰肌
- 时间：30秒/组
- 组数：2组

⑪站姿－4字臀部拉伸 p.113
- 目标肌肉：臀大肌、臀中肌、臀小肌、梨状肌
- 时间：30秒/侧
- 组数：1组

⑫仰卧－交替－直腿抬腿 p.133
- 目标肌肉：腘绳肌
- 时间：30秒/组
- 组数：2组

⑬交替－直膝抬腿 p.132
- 目标肌肉：腘绳肌
- 时间：30秒/组
- 组数：2组

⑭抱腿体前屈 p.146
- 目标肌肉：腘绳肌、竖脊肌
- 时间：30秒/组
- 组数：2组

⑮坐姿－小腿拉伸 p.148
- 目标肌肉：腓肠肌
- 时间：30秒/侧
- 组数：1组

健身者拉伸计划

　　无论是健身前的拉伸，还是健身后的拉伸，都是健身运动的一部分，有助于提高在训练当中的安全性和身体的柔韧性。所以在这节中我们就推荐给大家一套全身拉伸和几套针对部位的拉伸组合，供大家参考。

6分钟全身放松

　　这套拉伸动作可以通过站式或坐式姿势来完成，历时较短，但是有助于缓解背部疼痛和增加脊椎活动度。（拉伸动作中转换下一个新动作时间间隔为1~2秒）

①单侧肩部拉伸 p.55

- 目标肌肉：三角肌后束
- 时间：30秒/侧
- 组数：1组

②股四头肌拉伸 p.127

- 目标肌肉：股四头肌
- 时间：30秒/侧
- 组数：1组

③跪姿-屈髋肌拉伸 p.154

- 目标肌肉：髂腰肌
- 时间：30秒/侧
- 组数：1组

④胸部拉伸 p.62

- 目标肌肉：胸大肌、三角肌
- 时间：30秒/组
- 组数：2组

⑤腰背部拉伸 p.80

- 目标肌肉：腰方肌、腹外斜肌、腹内斜肌
- 时间：30秒/组
- 组数：2组

⑥站姿-4字臀部拉伸 p.113

- 目标肌肉：臀大肌、臀中肌、肌、梨状肌
- 时间：30秒/侧
- 组数：1组

10分钟健康腰背

　　这套拉伸动作可以增强和拉伸躯干与核心区域最重要的肌肉，使我们拥有更加健康的背部，而且不良姿势也会得到改善。如果有背部疼痛的问题，则需要咨询医生。（拉伸动作中转换下一个新动作时间间隔为1~2秒）

①上背部拉伸 p.79
- 目标肌肉：菱形肌、斜方肌
- 时间：30秒/组
- 组数：2组

②体前屈－转体 p.129
- 目标肌肉：腘绳肌
- 时间：60秒
- 组数：1组

③单侧肩部拉伸 p.55
- 目标肌肉：三角肌后束
- 时间：30秒/侧
- 组数：1组

④跪姿－背部拉伸 p.87
- 目标肌肉：背阔肌
- 时间：30秒/侧
- 组数：1组

⑤扶椅手臂下压 p.86
- 目标肌肉：背阔肌、胸大肌、胸小肌、前锯肌
- 时间：30秒/组
- 组数：2组

⑥弓步－侧向拉伸 p.82
- 目标肌肉：背阔肌、腹外斜肌、腹内斜肌、髂腰肌
- 时间：30秒/侧
- 组数：1组

⑦俯身－转体 p.102
- 目标肌肉：腹外斜肌、腹内斜肌
- 时间：30秒/组
- 组数：2组

⑧猫式拉伸 p.88
- 目标肌肉：竖脊肌
- 时间：30秒/组
- 组数：2组

⑨腰背部拉伸 p.80
- 目标肌肉：腰方肌、腹外斜肌、腹内斜肌
- 时间：30秒/组
- 组数：2组

10分钟臀腿放松

这套动作组合主要针对腰部和髋部以下的肌肉。日常生活中如果经常用到下肢，或者进行一些使下肢承担负荷的活动，如爬楼梯、跑步等，可以试试这套动作。（拉伸动作中转换下一个新动作时间间隔为1~2秒）

①前后踮脚尖 p.141
- 目标肌肉：小腿肌群
- 时间：30秒/组
- 组数：2组

②站姿－屈髋肌拉伸 p.122
- 目标肌肉：髂腰肌
- 时间：30秒/侧
- 组数：1组

③站姿－大腿前侧拉伸 p.125
- 目标肌肉：股四头肌
- 时间：30秒/侧
- 组数：1组

④臀部动态拉伸 p.109
- 目标肌肉：臀大肌
- 时间：60秒
- 组数：1组

⑤站姿－4字臀部拉伸 p.113
- 目标肌肉：臀大肌、臀中肌、臀小肌、梨状肌
- 时间：30秒/侧
- 组数：1组

⑥臀部拉伸 p.112
- 目标肌肉：臀大肌、臀中肌、臀小肌、梨状肌
- 时间：30秒/侧
- 组数：1组

⑦交替－直膝抬腿 p.132
- 目标肌肉：腘绳肌
- 时间：30秒/组
- 组数：2组

⑧麻花式拉伸 p.140
- 目标肌肉：腹外斜肌、腹内斜肌、股四头肌、臀大肌
- 时间：30秒/侧
- 组数：1组

⑨蛙式－动态拉伸 p.155
- 目标肌肉：耻骨肌、长收肌、短收肌、大收肌、股薄肌
- 时间：30秒/组
- 组数：2组

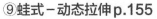

10分钟上肢放松

这套拉伸动作专注于腰部和髋部以上的肌肉。如果上肢经常超负荷活动，如托举重物、擦拭物品等，这套拉伸动作则非常适合。（拉伸动作中转换下一个新动作时间间隔为1~2秒）

①肱二头肌拉伸 p.66
- 目标肌肉：肱二头肌
- 时间：30秒/组
- 组数：2组

②肱三头肌侧向拉伸 p.67
- 目标肌肉：肱三头肌
- 时间：30秒/侧
- 组数：1组

③肱三头肌拉伸 p.68
- 目标肌肉：肱三头肌
- 时间：30秒/侧
- 组数：1组

④过顶-肱三头肌拉伸 p.69
- 目标肌肉：肱三头肌
- 时间：30秒/侧
- 组数：1组

⑤仰卧-直臂开合 p.90
- 目标肌肉：背阔肌
- 时间：30秒/组
- 组数：2组

⑥侧卧-手臂伸展 p.91
- 目标肌肉：背阔肌、前锯肌
- 时间：30秒/侧
- 组数：1组

⑦手腕伸肌拉伸 p.72
- 目标肌肉：桡侧腕伸肌、尺侧腕伸肌
- 时间：30秒/侧
- 组数：1组

⑧跪姿-前臂拉伸 p.70
- 目标肌肉：桡侧腕屈肌、尺侧腕屈肌
- 时间：30秒/组
- 组数：2组

⑨扶椅手臂下压 p.86
- 目标肌肉：背阔肌、胸大肌、胸小肌、前锯肌
- 时间：30秒/组
- 组数：2组

第3章

全身拉伸

全身拉伸的必要性

全身拉伸中的任意一个拉伸动作都可以拉伸到多个部位或者多个肌肉群。拉伸时要注意动作规范和用力适中。为避免身体产生损伤，拉伸至拉伸部位产生牵拉感即可，不要过度用力。不定时地进行一次全身拉伸运动，能让自己的身体各部位得到放松，起到缓解肌肉酸痛、改善身体体态的作用。

全身拉伸的作用

很多人因为上班或其他因素，需要长时间保持同一个姿势，导致身体各部位出现僵硬、酸痛，而选择全身拉伸动作则可以有效预防这些问题。经常拉伸不仅可以娱悦心情，还能提高肌肉的延展性和关节的灵活性。身体疲惫时拉伸还可以提神醒脑。久坐后拉伸可以缓解僵硬与酸痛。运动前的拉伸是为接下来的运动做好热身准备，避免关节、肌肉受伤。而运动后拉伸是为了放松紧绷的肌肉。另外，在睡前进行拉伸有助于缓解疲劳，提高睡眠质量。

伟大拉伸

- 训练目标：灵活性、柔韧性
- 目标肌肉：全身肌肉
- 注意事项：全程保持均匀呼吸
- 动作要点：全程核心收紧

动作讲解

◆ 四肢撑地呈俯撑姿势，腹部收紧，腰背挺直，双臂伸直垂直于地面。一侧腿向前屈髋屈膝至同侧手的附近。

◆ 同侧手屈肘，用力向下伸展至最大幅度后，顺势向外转体，同时将手伸直垂直于地面。

◆ 双腿交替进行动作，完成规定的次数或组数。

由两侧伸展至头顶

向下

全程核心收紧

全身舒展

- 训练目标：柔韧性
- 目标肌肉：全身肌肉
- 注意事项：全程保持均匀呼吸
- 动作要点：体会手臂与身体的协调同步摆动，注意屈髋要达到90度并保持膝关节伸直

动作讲解

◆ 双脚平行站立，间距略比肩宽，脚尖朝前，双腿伸直，抬头挺胸，收紧臀部，双臂自然下垂位于大腿两侧。

◆ 屈髋俯身达到90度，核心收紧，挺直腰背，双手自然下垂，垂直于地面，在大腿前完成交叉动作。

◆ 起身伸髋，身体直立，双手伸直，由两侧伸展至头顶，在头顶做交叉动作。完成规定的次数或组数。

由两侧伸展至头顶

全程均匀呼吸，保持背部挺直

俯身－慢速跨步登山

- 训练目标：柔韧性、耐力
- 目标肌肉：腘绳肌、髂腰肌、臀大肌、大收肌、短收肌、长收肌、股薄肌
- 注意事项：迈步时呼气，还原时吸气
- 动作要点：拉伸过程中躯干保持挺直，腿迈向同侧手臂旁

动作讲解

◆ 四肢支撑在垫子上，挺直躯干，双臂伸直与肩同宽，垂直于地面，双腿并拢，脚尖着地。

◆ 身体挺直，腹部收紧。一侧腿迈向同侧手臂旁边，然后回到支撑状态，换另一侧腿，完成规定的次数或组数。

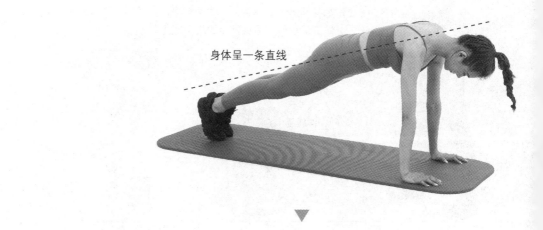

身体呈一条直线

拉伸过程中躯干保持挺直

第4章

颈部拉伸

颈部问题预防与处理

颈部是身体中十分灵活的部位，连接躯干与头部。我们头部的转动，要靠颈部的活动来完成。颈部的肌肉不但可以控制颈部的活动，还可以使肩部产生运动，并且对头、颈、肩部的姿态起作用。因此，颈部肌肉的健康与否，会对人体的姿态、健康有很大影响。

造成颈部不健康的原因

由于现代的生活方式，颈部成为疾病发生的"重灾区"。办公室"上班一族"要经常面对计算机，容易产生颈部前伸的动作，长时间保持这个动作，会造成颈部肌肉紧张、僵硬，带来颈部疼痛等问题。长时间低头看书、玩手机也是造成颈部不适的原因之一。另外，经常对颈部施加不平衡的压力（如背单肩包），或者长时间用头部和颈部夹物（如用头部和颈部夹手机接打电话），都会造成颈部肌肉的失衡，产生颈部疼痛或颈椎问题。

颈部拉伸的作用

预防颈部问题或缓解颈部疼痛，首先要摒弃不良的生活习惯，经常活动颈部。除此之外，对颈部肌肉进行拉伸，也是非常科学有效的方法。颈部的重要肌肉有斜方肌、斜角肌、胸锁乳突肌等，对这些重要肌肉进行拉伸，能缓解颈部肌肉紧张，消除颈部疼痛，并且帮助颈部肌肉恢复原状。

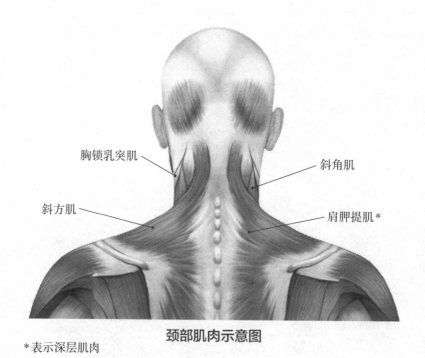

胸锁乳突肌　　斜角肌

斜方肌　　肩胛提肌*

颈部肌肉示意图

*表示深层肌肉

站姿－颈部拉伸

- 训练目标：柔韧性
- 目标肌肉：斜方肌、斜角肌

- 注意事项：不要绷紧肩部或耸肩
- 动作要点：吸气时保持侧头，呼气时逐渐有意识地加大侧头的幅度

动作讲解

◆ 站姿，双脚开立大约与肩同宽，腰背挺直，一手叉腰，另一侧手绕过头顶轻扶对侧头部。

◆ 头顶的手将头部拉向该手臂侧，此时颈部侧面应感到中等程度的拉伸感，保持该动作至规定的时间，换至对侧交替进行，完成规定的次数或组数。

全程均匀呼吸

颈部疼痛则停止拉伸

坐姿－颈部后侧拉伸

- 训练目标：柔韧性
- 目标肌肉：斜方肌、肩胛提肌
- 注意事项：全程均匀呼吸
- 动作要点：重点体会颈部后侧肌肉的拉伸感

动作讲解

◆ 坐于凳子上，核心收紧，腰背挺直，躯干保持中立位。

◆ 左臂外展，左手按住右侧头部，轻轻向左下按压，拉动头部偏向左侧，直至颈部后侧有中等程度的拉伸感，保持该动作至规定的时间，换至对侧交替进行，完成规定的次数或组数。

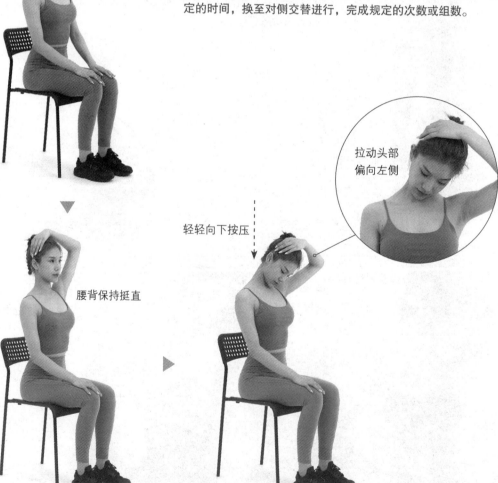

拉动头部偏向左侧

轻轻向下按压

腰背保持挺直

坐姿-颈部拉伸1

- 训练目标：柔韧性
- 目标肌肉：胸锁乳突肌、斜角肌
- 注意事项：全程均匀呼吸
- 动作要点：重点体会颈部肌肉的拉伸感

动作讲解

- 坐于凳子上，核心收紧，腰背挺直，躯干保持中立位。

- 左臂外展，左手按住右侧头部，轻轻按压，拉动头部偏向左侧，直至颈部有中等程度的拉伸感，保持该动作至规定的时间，换至对侧交替进行，完成规定的次数或组数。

拉动头部
偏向左侧

腰背保持挺直

坐姿－颈部拉伸2

- 训练目标：柔韧性
- 目标肌肉：胸锁乳突肌、斜方肌

- 注意事项：全程均匀呼吸
- 动作要点：躯干挺直

动作讲解

◆ 斜坐在椅子上，身体冠状面与椅子靠背呈45度，靠近椅背一侧的手臂扶住椅背，对侧手臂自然放在同侧腿上，双腿自然分开，双脚平放在地面，头部朝向躯干正前方。

◆ 保持背部挺直，头部向远离椅背的一侧旋转90度或直至颈部肌肉感受到明显牵拉，保持该动作至规定的时间，换至对侧交替进行，完成规定的次数或组数。

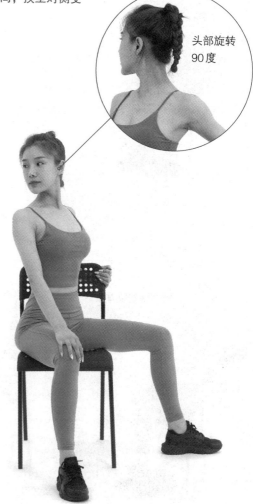

头部旋转
90度

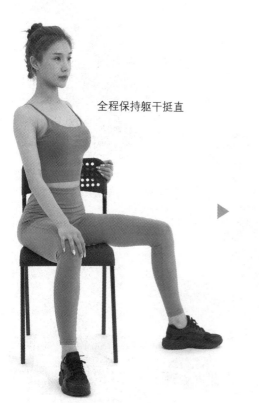

全程保持躯干挺直

斜方肌拉伸

- 训练目标：柔韧性
- 目标肌肉：斜方肌
- 注意事项：全程均匀呼吸
- 动作要点：注意保持身体平衡

动作讲解

◆ 身体坐在垫子上，双腿屈髋屈膝、自然放置，腰背挺直，双臂伸直放在身体两侧。一侧手掌放在该侧臀部下方压住，对侧手臂举过头顶并抱头。

◆ 抱头的手将头部向该侧手臂方向斜下压，直至被拉伸侧颈部与肩部间的肌群有中等程度拉伸感，保持该动作至规定的时间，换至对侧交替进行，完成规定的次数或组数。

保持身体平衡

保持动作至规定时间

第5章

肩部拉伸

肩部问题预防与处理

　　肩部肌肉作用于肩关节，起自上肢带骨，止于肱骨，分为浅深两组，浅层肌肉为三角肌，主要由三角肌前束、中束和后束组成。其中三角肌前束是整个肩部肌肉的构建基础，它的作用最为重要。三角肌中束位于肩部的中间，在进行外展动作的时候，都会用到它。而三角肌后束用于肩部的外旋与后伸，同时也可以改善肩部形态。深层肌肉包绕肩胛骨，有冈上肌、冈下肌、小圆肌、肩胛下肌等。

造成肩部不健康的原因

　　生活中，造成肩部疼痛和肩关节活动受限的原因有很多种，如肩关节向内或向外重复旋转，双手置于头部之上的活动过多，过度参与投掷类运动项目，肩部受凉或者长时间保持一种姿势，都会使肩部肌肉处于紧张状态。

肩部拉伸的作用

　　肩部拉伸可以让肌肉重新变得有活力，促进血液循环，缓解肩部疼痛，增大肩部的活动范围。拉伸肩部肌肉可以改善身体姿态，而且更容易将手伸到背后。与颈部拉伸一样，这些拉伸也可以缓解由于紧张而造成的头痛，而且还可以减轻颈部疼痛。

　　需要注意，当肩部过于疼痛而无法进行拉伸动作时，需要立刻去医院进行检查，避免肩部的损伤更加严重。

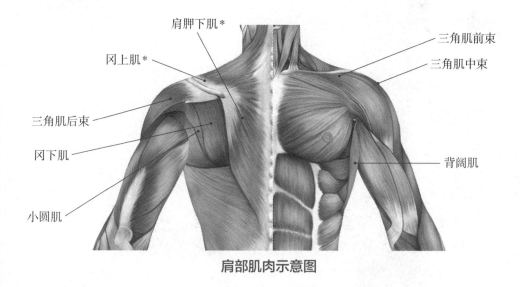

肩部肌肉示意图

*表示深层肌肉

肩部画圈

- 训练目标：柔韧性、灵活性
- 目标肌肉：三角肌、斜方肌
- 注意事项：全程均匀呼吸
- 动作要点：重点体会肩部灵活转动的感觉

动作讲解

◆ 双腿伸直站立，双脚与肩同宽，脚尖朝前，收紧臀部，抬头挺胸，目视前方，收紧下颌，双臂伸直自然下垂于身体两侧。

◆ 两侧肩胛骨同时向前伸并上提，再向后缩并下降，以肩关节为中心缓慢转动画圈。完成规定的次数或组数。

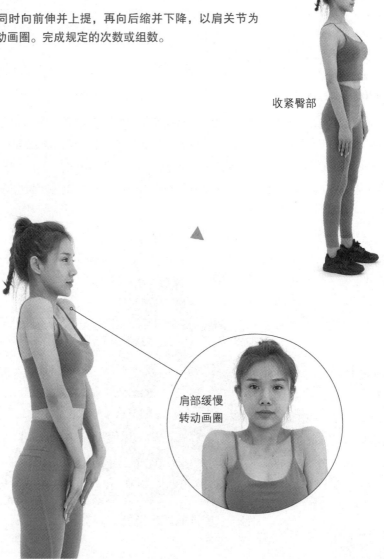

收紧臀部

肩部缓慢
转动画圈

肩部向前绕环

- 训练目标：柔韧性、灵活性
- 目标肌肉：三角肌、斜方肌
- 注意事项：全程均匀呼吸
- 动作要点：画圈幅度越大越好

动作讲解

◆ 站姿，双脚开立与肩同宽，挺直背部，腹部收紧，双臂屈
　肘，然后将双手放松搭在肩上，肘关节朝前。

◆ 肘关节向下、后、上、前方依次画圈，完成规定的次数或
　组数。

肘关节朝前

手臂做画圈
动作

腹部收紧

肩外展运动

- 训练目标：柔韧性、灵活性
- 目标肌肉：三角肌

- 注意事项：全程均匀呼吸
- 动作要点：手臂在摆动的过程中保持伸直的状态

动作讲解

◆ 双脚平行站立，间距略比肩宽，脚尖朝前，抬头挺胸，目视前方，收紧下颌，双臂自然下垂，双腿伸直，臀部收紧。

◆ 双臂伸直，在下腹前交叉，随后向两侧外展后再次于头顶上方交叉，完成规定的次数或组数。

手臂在摆动的过程中保持伸直的状态

身体保持挺直

肩部前侧拉伸

- 训练目标：柔韧性
- 目标肌肉：三角肌前束、胸大肌
- 注意事项：全程均匀呼吸
- 动作要点：重点体会肩部前侧的拉伸感

动作讲解

◆ 身体呈坐姿，双手在身体后方撑地，屈髋屈膝，大腿与小腿垂直呈90度，双脚与肩同宽，脚掌撑地。

◆ 躯干保持稳定，核心收紧，头部后仰，充分挺胸至最大幅度，保持该动作至规定的时间，完成规定的次数或组数。

头部后仰

躯干保持稳定，
核心收紧

站姿－三角肌后束拉伸

- 训练目标：柔韧性
- 目标肌肉：三角肌后束
- 注意事项：全程均匀呼吸
- 动作要点：全程保持核心收紧，挺直背部

动作讲解

◆ 身体呈站立姿势，挺直腰背，双臂自然下垂。

◆ 一侧手臂伸直平行于地面，对侧手臂弯曲并用肘关节卡住伸直的手臂的前臂，然后屈臂侧前臂继续朝躯干方向用力，直至伸直的手臂肩部外侧肌群感受到中等程度的拉伸感。此过程中头部转向被拉伸侧手臂方向，换至对侧交替进行，完成规定的次数或组数。

头部转向被拉伸手臂侧方向

全程保持核心收紧

单侧肩部拉伸

- 训练目标：柔韧性
- 目标肌肉：三角肌后束

- 注意事项：全程均匀呼吸，同时跟随呼吸的节奏加大拉伸幅度
- 动作要点：若肩部肌肉无拉伸感，可上下调整手臂的位置

动作讲解

◆ 站立位，双脚开立与肩同宽，双臂自然下垂，挺直身体。

◆ 一侧手臂向身体对侧侧平举，另一只手握住手腕向外侧拉直至肩外侧有中等程度的拉伸感。保持该动作至规定的时间，换对侧交替进行，完成规定的次数或组数。

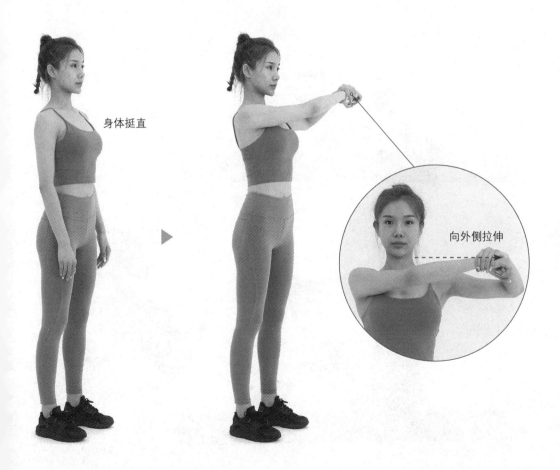

身体挺直

向外侧拉伸

坐姿－三角肌前束拉伸

- 训练目标：柔韧性
- 目标肌肉：三角肌前束、胸大肌
- 注意事项：全程均匀呼吸
- 动作要点：背部挺直

动作讲解

- 坐于垫子上，屈髋屈膝，双脚分开，与肩同宽。上半身后仰，与地面约呈60度，双臂伸直向后，双手撑于臀部后方的垫上。四肢与躯干形成M形。

- 臀部抬离地面并向脚跟方向移动，直至肩部前侧肌群有中等程度的拉伸感，保持该动作至规定的时间，完成规定的次数或组数。

四肢与躯干形成M形

背部保持挺直

坐姿 - 三角肌拉伸

- 训练目标：柔韧性
- 目标肌肉：三角肌后束
- 注意事项：全程均匀呼吸
- 动作要点：过程中躯干保持挺直

动作讲解

◆ 端坐在椅子上，背部挺直，双脚分开，脚尖朝前，目视前方。

◆ 一侧手臂伸直向前举起，然后肩关节水平内收，另一侧手臂屈肘并用肘关节托住伸直一侧手臂的肘关节。弯曲手臂的一侧用力，将被拉伸的一侧手臂水平拉向躯干。拉伸过程中肩部后侧肌肉应有中等程度的拉伸感，保持该动作至规定的时间，换至对侧交替进行，完成规定的次数或组数。

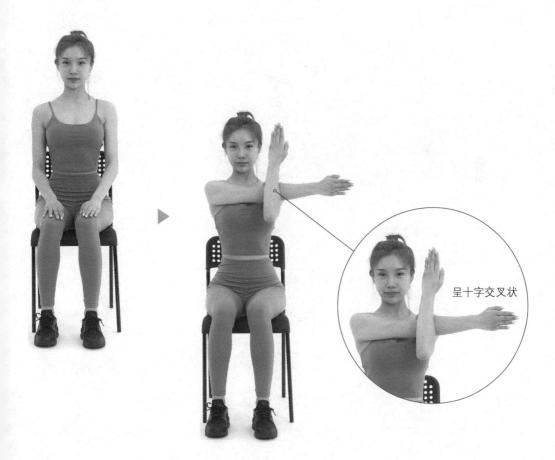

呈十字交叉状

第6章

胸部拉伸

6

胸部问题预防与处理

胸部可分为胸上肢肌和胸固有肌。胸上肢肌包括胸大肌、胸小肌、锁骨下肌和前锯肌等；胸固有肌包括肋间内肌、肋间外肌等。

造成胸部不健康的原因

每天长时间地伏案工作、驾驶、搬运或者捡东西，都会带动胸部肌肉，造成胸部的肌肉紧绷、疼痛；而过度锻炼胸肌或错误的锻炼姿势等情况都可能造成胸部肌肉的拉伤，从而导致疼痛。

胸部拉伸的作用

无论是上胸部、中胸部还是下胸部的拉伸锻炼，都有助于增强胸部肌肉的柔韧性，同时消除身体的疲惫感，放松身心。拉伸的时候，有轻微的酸痛感是正常的，但如果不适感很强要及时停止拉伸。

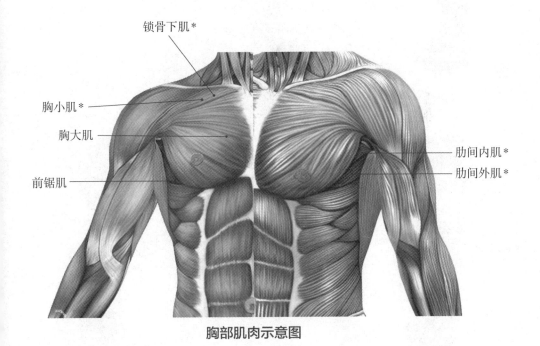

锁骨下肌*

胸小肌*

胸大肌

前锯肌

肋间内肌*

肋间外肌*

胸部肌肉示意图

*表示深层肌肉

扩胸运动

- 训练目标：灵活性、柔韧性
- 目标肌肉：胸大肌

- 注意事项：全程均匀呼吸
- 动作要点：重点体会胸大肌是否有拉伸感

身体挺直

动作讲解

◆ 双腿伸直站立，脚尖朝前，抬头挺胸，目视前方，收紧下颌，双臂自然下垂，臀部收紧。

◆ 双手握拳，屈肘抬起双臂，手臂与肩部齐平，然后上臂水平向后外展，平行于地面。

◆ 双臂先向前伸直然后再侧平举，继续向后水平移动双臂，完成一次扩胸运动。最后完成规定的次数或组数。

手臂与肩部齐平

双臂水平胸前移动

- 训练目标：灵活性、柔韧性
- 目标肌肉：胸大肌、胸小肌
- 注意事项：全程均匀呼吸
- 动作要点：核心收紧，腰背挺直，双手侧平举，水平移动到胸前

动作讲解

◆ 双腿伸直站立，脚尖朝前，抬头挺胸，目视前方，收紧下颌，双臂自然下垂，臀部收紧。

◆ 双手握拳，两臂侧平举，拳心朝前。

◆ 然后两臂同时内收，水平移动到胸前，垂直于身体。双手再同时外展侧平举至身体两侧。完成规定的次数或组数。

双手握拳，两拳拳心相对

腰背全程保持挺直

胸部拉伸

- 训练目标：柔韧性
- 目标肌肉：胸大肌、三角肌

- 注意事项：全程均匀呼吸
- 动作要点：全程保持核心收紧，挺直背部

动作讲解

◆ 抬头挺胸，目视前方，收紧下颌，双臂自然下垂，双腿伸直，臀部收紧，双脚分开与肩同宽。

◆ 双手叉腰，大拇指在身体前侧，其他四指伸直按在臀部，肘关节自然朝向身体斜后方。

◆ 肩部向后展开，双臂肘关节在身后渐渐靠拢，直至肩胛骨位置缩紧，胸部肌群有明显的拉伸感，保持该动作至规定的时间，完成规定的次数或组数。

肩关节向后展开

全程保持背部挺直

跪姿－胸部拉伸

- 训练目标：柔韧性
- 目标肌肉：胸大肌、胸小肌
- 注意事项：肩关节外展时呼气，还原时吸气，并随着呼吸节奏逐渐加大拉伸幅度
- 动作要点：动作过程中，头部要始终保持中立位

动作讲解

◆ 跪姿，双腿并拢，小腿紧贴于垫子上。躯干直立，手臂向后双手交叉于下腰背部。

◆ 头部保持中立位，挺胸，肩关节水平外展至最大幅度，同时肩胛骨内收，躯干伸展，保持该动作至规定的时间，完成规定的次数或组数。

头部保持不动

肩胛骨内收

第7章

手臂和手部拉伸

7

手臂和手部问题预防与处理

手臂和手部肌肉统称为上肢肌，手臂肌主要由前臂肌和上臂肌组成。上臂肌肉均为长肌，可分为前后两群。前群为屈肌，主要有肱二头肌、肱肌和喙肱肌；后群为伸肌，主要为肱三头肌。前臂肌肉位于尺、桡骨的周围，多为长棱形肌，可分为前、后两群。前群为屈肌群，后群为伸肌群。手部肌肉分为外侧群、内侧群和中间群。手臂和手部肌肉每天都在辅助我们进行提、拉、推、放等动作。

手臂和手部不健康的表现

一般情况下，我们会经常使用手臂和手部来完成许多重复性高的工作，例如，长时间抓握鼠标、敲打键盘，投掷、抬举物品等。这时候就会因用力过猛或过度劳累而导致手臂和手部出现麻木酸痛、鼠标手、键盘肘等问题，从而影响到日常生活。

手臂和手部拉伸的作用

手臂和手部的肌肉是所有肌肉中最常被使用的，可以通过特定的拉伸来对其进行放松。另外，拉伸有助于预防常出现在肘关节和腕关节的疼痛，增加前臂、手腕以及手指的灵活性，有助于缓解手臂和手部的过劳性损伤。

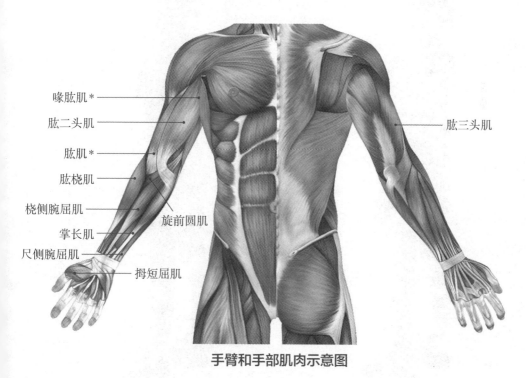

喙肱肌*
肱二头肌
肱肌*
肱桡肌
桡侧腕屈肌
掌长肌
尺侧腕屈肌
拇短屈肌
旋前圆肌
肱三头肌

手臂和手部肌肉示意图

*表示深层肌肉

肱二头肌拉伸

- 训练目标：柔韧性
- 目标肌肉：肱二头肌
- 注意事项：全程均匀呼吸
- 动作要点：注意手臂伸直，水平向后伸展

动作讲解

◆ 双脚平行站立，与肩同宽，脚尖朝前，收紧臀部，抬头挺胸，收紧下颌，双臂自然下垂置于身体两侧。

◆ 双臂侧平举，同时手臂内旋至拇指朝下，水平向后伸展至最大幅度，保持该动作至规定的时间。

水平向后伸展至最大幅度

收紧臀部

肱三头肌侧向拉伸

- 训练目标：柔韧性
- 目标肌肉：肱三头肌
- 注意事项：全程保持均匀呼吸
- 动作要点：重点体会肱三头肌拉伸感

动作讲解

◆ 双脚平行站立，与肩同宽，脚尖朝前，收紧臀部，抬头挺胸，
收紧下颌，双臂自然下垂置于身体两侧。

◆ 一只手搭在对侧肩上，另一只手抓住被拉伸手的手肘，辅助发
力，将被拉伸的手臂拉向对侧至最大幅度，保持该动作至规定
的时间，换至对侧交替进行，完成规定的次数或组数。

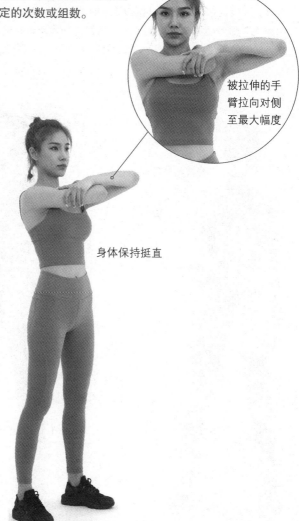

被拉伸的手
臂拉向对侧
至最大幅度

身体保持挺直

肱三头肌拉伸

- 训练目标：柔韧性
- 目标肌肉：肱三头肌
- 注意事项：全程保持均匀呼吸
- 动作要点：集中精神，体会肱三头肌拉伸感

动作讲解

◆ 双脚分开，与肩同宽，抬头挺胸，目视前方，收紧下颌，双臂自然下垂，双腿伸直，臀部收紧。

◆ 一侧手臂外展，屈臂，从头部上方放置于脑后，五指分开贴近身体，同时另一侧手按在被拉伸手的肘关节处，将被拉伸侧手的肘关节向对侧拉伸至最大幅度，保持该动作至规定的时间，换至对侧交替进行，完成规定的次数或组数。

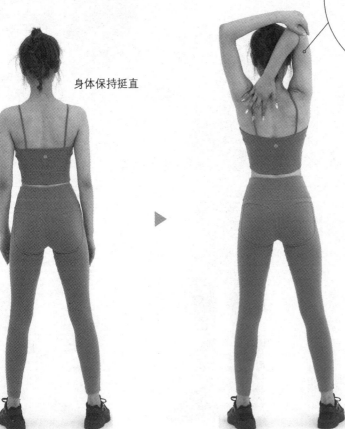

左手辅助发力

身体保持挺直

过顶－肱三头肌拉伸

- 训练目标：柔韧性
- 目标肌肉：肱三头肌
- 注意事项：全程保持均匀呼吸
- 动作要点：拉伸过程中，如果感觉过度疼痛要及时告知搭档

动作讲解

◆ 坐在垫上，下肢放松、稳定即可，一侧手臂举过头顶并屈肘，手尽量够向后背。搭档跪在被拉伸者身后，用手扶在被拉伸者肘部的上外侧。

◆ 搭档的手向被拉伸者手臂对侧施加压力，此时被拉伸者上臂后侧肌群应有中等程度的拉伸感，保持该动作至规定的时间，换至对侧交替进行，完成规定的次数或组数。

搭档用手扶住肘部

身体保持挺直

跪姿-前臂拉伸

- 训练目标：柔韧性
- 目标肌肉：桡侧腕屈肌、尺侧腕屈肌
- 注意事项：全程保持均匀呼吸
- 动作要点：重点体会屈腕肌群的拉伸感

动作讲解

◆ 身体呈跪姿，屈膝屈髋，臀部位于膝关节的正上方，背部挺直，核心收紧，保持稳定，双臂与大腿平行，双手与肩同宽，双手撑地，指尖指向大腿的方向。

◆ 双手撑地，保持不动，背部保持挺直，身体缓慢向后移动至前臂肌肉有中等程度的拉伸感，保持该动作至规定的时间。回到初始姿势，完成规定的次数或组数。

向后移动

背部保持挺直

手臂环绕

- 训练目标：柔韧性、灵活性
- 目标肌肉：前臂肌群
- 注意事项：全程均匀呼吸
- 动作要点：注意前臂的转动

动作讲解

- 双脚分开与肩同宽，抬头挺胸，目视前方，收紧下颌，双臂自然下垂，双腿伸直，臀部收紧。

- 双手慢慢抬至胸前，屈肘屈腕，两手手背相对、指尖朝下，两前臂呈一条水平线平行于地面。

- 前臂由内而外向身前摊开，手臂伸直，掌心朝上，然后回到上一个姿势，完成规定的次数或组数。

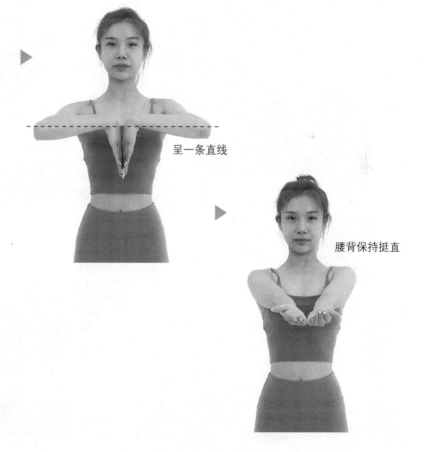

呈一条直线

腰背保持挺直

手腕伸肌拉伸

- 训练目标：柔韧性
- 目标肌肉：桡侧腕伸肌、尺侧腕伸肌
- 注意事项：全程均匀呼吸
- 动作要点：动作过程中，整个身体保持不动，腰背挺直

动作讲解

◆ 身体呈坐姿，腰背挺直，大小腿呈90度，小腿垂直于地面，双脚分开与肩同宽，脚尖朝前，膝、踝关节保持同一直线，两侧肩关节同时屈曲，一侧手臂伸直，另一侧手放在伸直手的手背处。

◆ 另一侧手用力按压伸直手的手背处，持续发力按压至规定的时间，换至对侧交替进行，完成规定的次数或组数。

持续发力按压

身体保持不动

手腕旋转

- 训练目标：柔韧性
- 目标肌肉：前臂肌群

- 注意事项：全程保持均匀呼吸
- 动作要点：拉伸过程中，整个身体保持不动，腰背挺直

动作讲解

◆ 双脚分开与肩同宽，抬头挺胸，目视前方，收紧下颌，肘关节屈曲，手指伸直分开、掌心朝下。

◆ 身体保持不动，双手手腕先向外上方翻转，再向外下、内下、内上的方向环绕一周。完成规定的次数或组数。

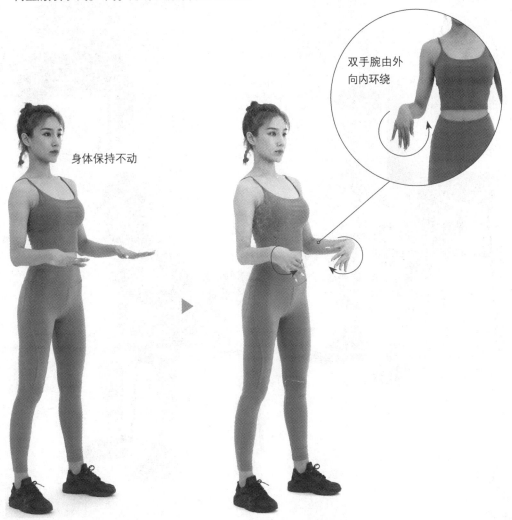

双手腕由外向内环绕

身体保持不动

手指拉伸

- 训练目标：柔韧性
- 目标肌肉：屈指肌群

- 注意事项：全程均匀呼吸
- 动作要点：腰背挺直，核心收紧，躯干稳定

动作讲解

◆ 双脚分开与肩同宽，坐在椅子上，双肘置于膝关节上方处，腰背挺直，头部保持中立位。

◆ 掌心向下，手指伸直，五指用力分开然后放松。完成规定的次数或组数。

五指用力分开

手指对抗伸展

- 训练目标：柔韧性
- 目标肌肉：屈指肌群

- 注意事项：全程保持均匀呼吸
- 动作要点：动作过程中，整个身体保持不动，腰背挺直

动作讲解

◆ 身体呈坐姿，腰背挺直，大小腿呈90度，小腿垂直于地面，双脚分开与肩同宽，脚尖朝前，膝盖和脚尖方向一致。肩关节外展、肘关节屈曲、五指相对，置于胸前。

◆ 保持肩关节外展，双手相对发力。完成规定的次数或组数。

腰背挺直

双手相对发力

第8章

背部拉伸

背部问题预防与处理

　　背部肌肉是背部骨骼肌的总称，主要的背部肌肉包括竖脊肌、背阔肌、菱形肌、斜方肌。竖脊肌是负责伸躯干的主要肌肉。背阔肌的主要功能是使上臂在肩关节处伸、内收和旋内，拉引躯干向上臂靠拢，提肋助吸气。在拉这类动作中，背阔肌都会参与。菱形肌位于斜方肌的深面，主要功能是使肩胛骨内收或者使肩胛骨下回旋。斜方肌上部的主要功能是上提肩胛骨和锁骨，下部的主要功能是下降和后缩肩胛骨。竖脊肌位于脊柱周围，主要用于固定脊柱，保持背部挺直。

　　背部及两侧肌肉收缩可以让上身和脊柱进行侧屈、旋转和伸展活动。背部肌肉训练一般是进行整体的锻炼，没有单独某块肌肉的锻炼方式。

造成背部不健康的原因

　　造成背部疼痛的原因多种多样。最主要的原因是坐着的频率过高、时间过长，使背部肌肉经常紧张从而感到疼痛，背部活动性也变差。长期伏案工作或经常开车的人，容易出现驼背、上背部疼痛、下背部疼痛等现象。严重时还会造成背部紧绷，降低背部的柔韧性，从而影响日常生活。

背部拉伸的作用

　　我们在锻炼背部之后，要让身体的肌肉舒展开来，这样肌肉才能更快恢复正常的状态。拉伸背部肌肉可以改善身体姿态，使上肢的关节活动度增加，同时还可以缓解由于紧张而造成的头痛，减轻颈部疼痛。

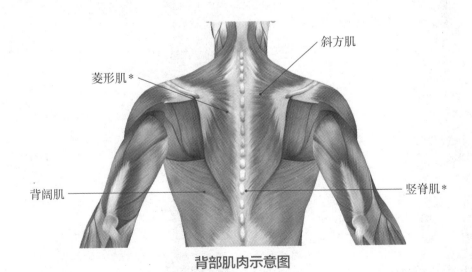

斜方肌

菱形肌*

背阔肌

竖脊肌*

背部肌肉示意图

*表示深层肌肉

肩胛骨前伸后缩

- 训练目标：灵活性、柔韧性
- 目标肌肉：菱形肌、斜方肌

- 注意事项：两侧肩胛骨同时向后缩，再同时向前伸
- 动作要点：两侧肩胛骨同时向后缩、向前伸时，双臂保持伸直状态

动作讲解

◆ 双脚分开与肩同宽，抬头挺胸，目视前方，收紧下颌，双腿伸直，臀部收紧，双手掌心相对，手臂伸直向前平举。

◆ 两侧肩胛骨同时向后缩至最大幅度，再同时向前伸至起始姿势。完成规定的次数或组数。

手臂保持伸直状态

身体保持挺直

肩胛骨后缩

上背部拉伸

- 训练目标：柔韧性
- 目标肌肉：菱形肌、斜方肌

- 注意事项：全程均匀呼吸
- 动作要点：保持核心收紧，腰背挺直，手臂伸直，向前伸展至最大幅度，重点体会背部的拉伸感

身体保持挺直

动作讲解

◆ 身体站立，抬头挺胸，目视前方，收紧下颌，双臂自然下垂，双腿伸直，臀部收紧。

◆ 双手十指交叉相扣，双臂同时内旋，并伸向身体的前方，手臂垂直于躯干，掌心向外。

◆ 双臂用力向身体正前方伸展，两肩同时向前，肩胛骨前伸。然后回到上一个姿势，完成规定的次数或组数。

手臂保持伸直状态

腰背部拉伸

- 训练目标：灵活性、柔韧性
- 目标肌肉：腰方肌、腹外斜肌、腹内斜肌
- 注意事项：全程均匀呼吸
- 动作要点：全程保持核心收紧，挺直背部。动作不宜过快，注意感受肌肉的拉伸感

动作讲解

◆ 身体呈站姿，双脚开立与肩同宽，背部挺直，腹部收紧，双手叉腰。

◆ 躯干保持挺直，并转向身体一侧，直至对侧腰部肌群有中等程度拉伸感，保持该动作至规定的时间，然后换至对侧交替进行，完成规定的次数或组数。

背部保持挺直

腹部收紧

下背部动态拉伸

- 训练目标：柔韧性、平衡性
- 目标肌肉：竖脊肌、腰方肌
- 注意事项：发力时呼气，还原时吸气
- 动作要点：合理利用惯性滚动身体

动作讲解

- 身体平躺于垫子上，屈髋屈膝，将双膝抱于胸前。

- 核心收紧，腿部发力，身体先向脚的方向滚动，再向头部方向滚动，完成规定的次数或组数。

腿部发力

弓步-侧向拉伸

- 训练目标：力量、柔韧性
- 目标肌肉：背阔肌、腹外斜肌、腹内斜肌、髂腰肌
- 注意事项：全程均匀呼吸
- 动作要点：重点体会躯干、腹部、腰方肌的拉伸感

动作讲解

◆ 双脚前后站位，两脚尖朝前，呈弓步姿势，前腿向前屈膝90度，后腿伸直，用脚尖撑地，抬头挺胸，目视前方，前腿的同侧手置于腰部，对侧手向上伸展，与躯干呈一条直线。

◆ 下肢保持不动，躯干向前腿的同侧侧屈，直至最大幅度，保持该动作至规定的时间，左右交替进行，完成规定的次数或组数。

全程均匀呼吸

膝盖不要超过脚尖

下肢保持不动

坐姿－上背部拉伸

- 训练目标：柔韧性
- 目标肌肉：菱形肌、斜方肌

- 注意事项：全程均匀呼吸
- 动作要点：保持核心收紧，手臂伸直

动作讲解

◆ 身体端坐在椅子上，双腿间距与肩同宽，双脚平放在地面，挺直背部，头部面向躯干正前方。

◆ 双臂在身前伸直，十指交叉，掌心向外。

◆ 弓起上背部，同时双臂向前伸展，直至上背部肌群有明显拉伸感，保持该动作至规定的时间，完成规定的次数或组数。

保持核心收紧

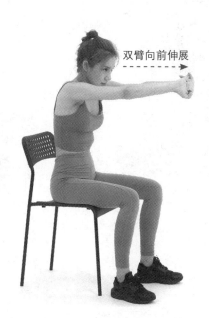

双臂向前伸展

坐姿－背阔肌拉伸

- 训练目标：柔韧性
- 目标肌肉：背阔肌
- 注意事项：全程均匀呼吸
- 动作要点：全程保持躯干在冠状面内运动

动作讲解

◆ 身体端坐在椅子上，双腿间距与肩同宽，双脚平放在地面，挺直背部，头部面向躯干正前方。

◆ 一侧手臂伸直举过头顶，并带动躯干向对侧发力做侧屈运动，直至背阔肌有中等程度的拉伸感。保持该动作至规定的时间，换至对侧交替进行，完成规定的次数或组数。

保持背部挺直

双腿分开与肩同宽

垫上－背部拉伸

- 训练目标：柔韧性
- 目标肌肉：竖脊肌、菱形肌、斜方肌
- 注意事项：躯干屈曲时呼气，还原时吸气，并根据呼吸节奏逐渐加大拉伸幅度
- 动作要点：拉伸过程中始终保持头部中立位

动作讲解

◆ 身体呈跪姿，双腿并拢，小腿紧贴于垫子上。躯干直立，手臂伸直，手指交叉置于身前。

◆ 双臂向前移动，躯干尽可能屈曲使后背有拉伸感。然后回到初始姿势，完成规定的次数或组数。

手臂伸直

使后背有拉伸感

扶椅手臂下压

- 训练目标：柔韧性
- 目标肌肉：背阔肌、胸大肌、胸小肌、前锯肌

- 注意事项：下压时呼气，同时跟随呼吸的节奏加大拉伸幅度
- 动作要点：拉伸时，保持躯干和下肢以及手臂处于伸直状态

动作讲解

◆ 双脚开立约2倍肩宽站立于椅子后。双手置于与髋同高的椅背上，上半身向前俯。躯干和下肢以及手臂均保持伸直状态。

◆ 躯干下压，使肩关节被动屈曲至背部和胸部前侧有中等程度的拉伸感，保持该动作至规定的时间，完成规定的次数或组数。

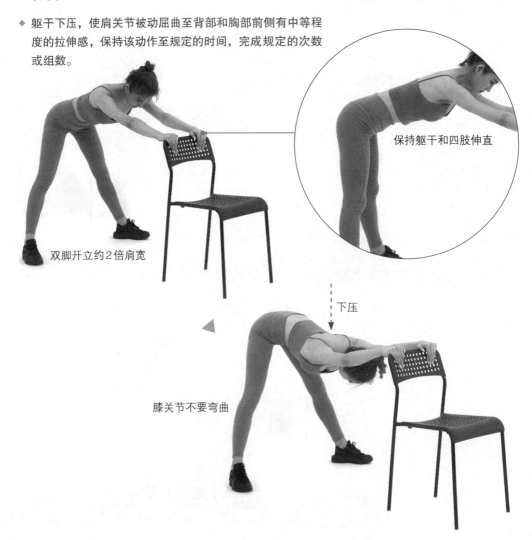

保持躯干和四肢伸直

双脚开立约2倍肩宽

下压

膝关节不要弯曲

跪姿－背部拉伸

- 训练目标：柔韧性
- 目标肌肉：背阔肌
- 注意事项：全程均匀呼吸
- 动作要点：重点体会背阔肌的拉伸感

动作讲解

◆ 双膝跪地，臀部坐在小腿上，俯身向前至最低点，争取贴近地面。双手向右侧前伸，双手手掌朝上，同时，躯干向右侧屈。保持相应的时间。

◆ 双手向左侧前伸，同时，躯干向左侧屈，保持该动作至规定的时间。两侧交替进行，完成规定的次数或组数。

臀部坐在小腿上

45度左右方向

保持后背挺直

猫式拉伸

- 训练目标：柔韧性
- 目标肌肉：竖脊肌

- 注意事项：身体向上伸展时吸气，身体向下伸展时呼气
- 动作要点：重点体会竖脊肌的拉伸感

动作讲解

◆ 身体呈跪姿准备。双手伸直，位于肩的正下方，垂直于地面。屈膝屈髋90度，跪在垫子上，核心收紧，腰背挺直。

◆ 吸气，腹部缓慢向下，使身体缓慢向下伸展，同时头部上抬。

◆ 呼气，使身体缓慢上抬，上背部拱起的同时头部向下。完成规定的次数或组数。

使后背有拉伸感

头部上抬

婴儿式

- 训练目标：柔韧性
- 目标肌肉：背阔肌、竖脊肌

- 注意事项：全程均匀呼吸
- 动作要点：重点体会背阔肌的拉伸感

动作讲解

◆ 身体在垫子上呈跪姿，脚跟位于髋部正下方，足背贴在垫子上，双手在头顶前方伸展，前臂紧贴垫子，与肩部同宽。

◆ 将双手收回到身体两侧，头部向身体侧收回，尽可能贴近膝盖部位，保持该动作至规定的时间，完成规定的次数或组数。

足背贴在垫子上

臀部与脚跟尽量贴合

保持至规定时间

仰卧-直臂开合

- 训练目标：柔韧性
- 目标肌肉：背阔肌

- 注意事项：双臂向头顶伸展时呼气，收回时吸气
- 动作要点：全程核心收紧，手臂悬空，保持匀速

动作讲解

◆ 身体平躺在垫上，双腿伸直自然放于地面，双臂伸直放在身体两侧，掌心朝下。

◆ 手掌翻转，手臂悬空，双臂同时匀速从躯干两侧外展，然后举过头顶，双手尽力靠近后双臂再按原轨迹返回，完成规定的次数或组数。

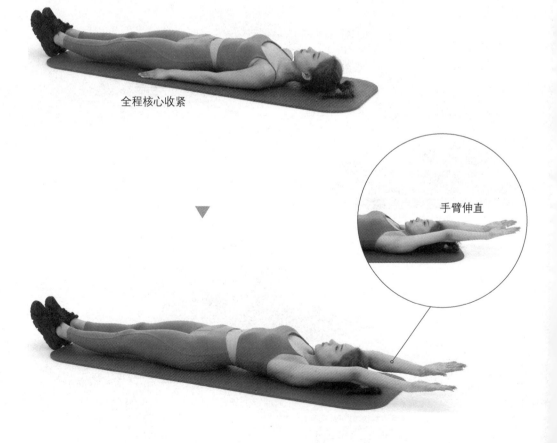

全程核心收紧

手臂伸直

侧卧－手臂伸展

- 训练目标：柔韧性
- 目标肌肉：背阔肌、前锯肌
- 注意事项：全程均匀呼吸，同时跟随呼吸的节奏加大拉伸幅度
- 动作要点：手臂运动轨迹与躯干在同一平面

动作讲解

◆ 身体右侧卧于垫子上，左腿屈膝屈髋，右腿伸直，使右脚脚跟、臀和躯干在一条直线上。左臂伸向头顶的方向，头部枕于左侧上臂，右手支撑于胸前。

◆ 身体不动，右臂外展至头部延长线，左手于头顶上方握住右手腕，保持该动作至规定的时间。然后换对侧交替进行，完成规定的次数或组数。

保持挺直背部

左手于头顶上方握住右手腕

坐姿 – 背部伸展

- 训练目标：柔韧性
- 目标肌肉：竖脊肌、颈后肌群
- 注意事项：全程均匀呼吸
- 动作要点：重点体会竖脊肌的拉伸感

动作讲解

◆ 屈膝屈髋，双脚脚掌相对坐在垫子上，躯干挺直，双手抱头。

◆ 双手缓慢发力向前下方按压头部，使背部弯曲，直至背部有中等程度的拉伸感。完成规定的次数或组数。

双手放于头后，保持躯干挺直

缓慢用力

第9章

腹部拉伸

腹部问题预防与处理

腹部是位于骨盆和胸部之间的身体部分，包括腹直肌、腹外斜肌、腹内斜肌和腹横肌等。腹直肌起自耻骨联合，止于第五~七肋软骨前面和胸骨剑突，主要功能是使脊椎屈，并防止骨盆前倾。腹外斜肌是扁平腹部肌肉中最大且位于最外层的，腹内斜肌则位于腹外斜肌深面。腹内斜肌和腹外斜肌都具有使躯干屈曲、侧屈和身体旋转的功能。腹横肌位于腹内斜肌深面，作用是保护腹腔脏器，维持腹内压。

在日常锻炼中，有很多动作需要用腹部肌肉发力，以此来带动身体。腹部肌肉对于支撑、保护和稳定脊椎至关重要。

腹部不健康的表现

长时间的训练和久坐都会导致腹部肌肉变得紧绷、僵硬，甚至可能会引起骨盆前倾和腰椎生理弯曲异常，并增加腰背痛发生的概率，对身体健康产生一定的影响。而腹部的肌肉又决定着身体核心稳定性，核心稳定性较弱，会出现平衡力较差、身体爆发力不足的情况。

腹部拉伸的作用

腹部的肌肉对于保持身体正确姿势和脊柱的稳定起着至关重要的作用。通常在进行训练之后，腹部会感到紧绷、僵硬，而拉伸运动恰好可以帮助腹部肌肉减缓痉挛和僵硬。腹部拉伸是有效锻炼腹肌的方法，同时有助于保持上肢与下肢的稳定。

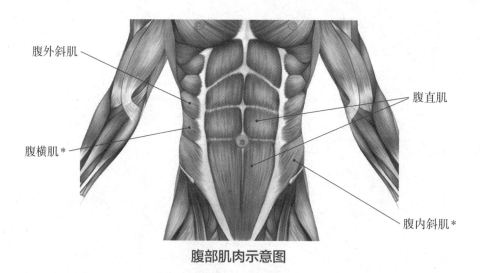

腹外斜肌

腹直肌

腹横肌*

腹内斜肌*

腹部肌肉示意图

*表示深层肌肉

俯卧－腹部拉伸

- 训练目标：柔韧性
- 目标肌肉：腹直肌
- 注意事项：全程均匀呼吸
- 动作要点：撑起躯干时，尽量保证髋关节及下肢不要抬离地面

动作讲解

◆ 俯身趴在垫子上，面部朝下，躯干呈一条直线，双腿自然分开与肩同宽，双手放于肩关节两侧。

◆ 手臂发力，撑起躯干，挺胸仰头，保持该动作至规定的时间，完成规定的次数或组数。

躯干呈一条直线

髋关节与下肢不要抬离地面

肩部保持下沉

站姿 - 骨盆倾斜

- 训练目标：柔韧性
- 目标肌肉：腹直肌、腰方肌、髂腰肌

- 注意事项：把握好呼吸节奏
- 动作要点：全程保持核心收紧，腰背挺直

动作讲解

◆ 站姿，双脚开立与肩同宽，腰背挺直，双手叉腰。肩部保持
稳定，臀部向后翘起，骨盆前倾。

◆ 臀部收缩顶髋，骨盆后倾。完成规定的次数或组数。

肩部保持稳定

骨盆后倾

侧腹部拉伸

- 训练目标：柔韧性
- 目标肌肉：腹外斜肌、腹内斜肌、腰方肌
- 注意事项：全程保持均匀呼吸
- 动作要点：重点体会侧腹部和腰方肌的拉伸感

动作讲解

◆ 双脚分开站直，躯干保持中立位，双手自然下垂于身体两侧。

◆ 双手伸直至头顶，两掌心相对。一侧腿内收并向对侧平移一步，此时双脚平行，身体呈一条直线。

◆ 髋关节向后侧腿的方向顶髋，同时躯干向对侧伸展至最大幅度。保持该动作至规定的时间，两侧交替进行，完成规定的次数或组数。

伸展至最大幅度

身体呈一条直线

腹内斜肌拉伸

- 训练目标：柔韧性
- 目标肌肉：腹外斜肌、腹内斜肌
- 注意事项：全程均匀呼吸
- 动作要点：整个动作过程中，躯干始终贴近地面

动作讲解

◆ 身体呈俯卧姿势趴在垫子上，双腿屈膝90度，双手侧平举，外展于身体两侧，双手掌心向下。

◆ 躯干保持贴近地面，髋关节带动下肢，整体向一侧摆动至最大幅度。换另一侧重复同样的动作，完成规定的次数或组数。

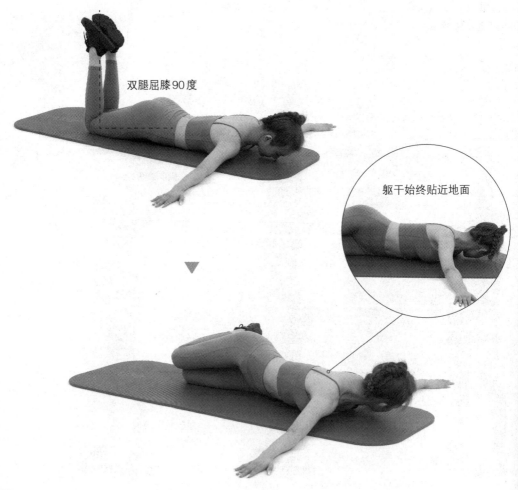

双腿屈膝90度

躯干始终贴近地面

弓步展体

- 训练目标：力量、柔韧性
- 目标肌肉：腹直肌、髂腰肌
- 注意事项：全程均匀呼吸
- 动作要点：重点体会腹部、髂腰肌的拉伸感

动作讲解

◆ 双脚前后站位，两脚尖朝前，呈弓步姿势，前腿屈膝屈髋，大腿与小腿之间约呈120度，后腿微屈，用前脚掌撑地，抬头挺胸，收紧下颌，双手交叠置于前腿大腿。

◆ 下肢保持不动，双臂与上半身同步向后伸展至最大幅度，缓慢回到初始姿势。两侧交替进行，完成规定的次数或组数。

伸展至最大幅度

下肢保持不动

后腿微屈

坐姿－过顶侧向拉伸

- 训练目标：柔韧性
- 目标肌肉：腹外斜肌、腹内斜肌、前锯肌、背阔肌
- 注意事项：全程均匀呼吸
- 动作要点：保持脊柱在冠状面内运动

动作讲解

◆ 身体坐于垫上，双腿呈自然放松姿势。挺直背部，双臂伸直，双手撑于臀部后方的垫子上。

◆ 一侧手臂举过头顶并轻抱住头部，然后头部带动躯干向对侧发力做侧屈运动，直至腹部有中等程度的拉伸感。保持该动作至规定的时间，换至对侧交替进行，完成规定的次数或组数。

挺直背部

头部带动躯干
向对侧发力

吸腹

- 训练目标：柔韧性
- 目标肌肉：腹部肌群

- 注意事项：深呼吸
- 动作要点：全程保持背部挺直

动作讲解

◆ 抬头挺胸，目视前方，收紧下颌，双臂自然下垂，双腿伸直，臀部收紧，双脚分开与肩同宽。

◆ 充分吸气，感受胸腔扩张，同时腹部收紧。随后一边往外缓慢呼气，一边恢复到初始姿势。完成规定的次数或组数。

全程保持背部挺直

胸腔扩张

俯身－转体

- 训练目标：柔韧性
- 目标肌肉：腹外斜肌、腹内斜肌
- 注意事项：转动时呼气，还原时吸气
- 动作要点：全程躯干保持挺直，下颌收紧

动作讲解

◆ 身体站立，双脚分开与肩同宽或略宽于肩，屈膝屈髋，俯身至躯干与地面约呈45度，手掌重叠置于下腰背处。

◆ 挺直背部，躯干向一侧转动，同时肩部和头部随躯干同步运动，然后回到中立位并转向另一侧。两侧交替进行，完成规定的次数或组数。

手掌重叠

挺直躯干

下颌收紧

站姿-侧屈

- 训练目标：柔韧性
- 目标肌肉：腹直肌、腹外斜肌、腹内斜肌
- 注意事项：侧屈时呼气，还原时吸气
- 动作要点：全程核心收紧

动作讲解

◆ 站姿，双脚开立略宽于肩，腰背挺直，双手叉腰。

◆ 一侧手臂伸直并举过头顶，然后该侧手臂和躯干一起向对侧做侧屈运动，直至腹部有中等程度的拉伸感，保持该动作至规定的时间。

◆ 换对侧交替进行，完成规定的次数或组数。

全程核心收紧

挺直腰背

下蹲抬臂

- 训练目标：柔韧性
- 目标肌肉：腹外斜肌、腹内斜肌

- 注意事项：抬手臂时吸气，还原时呼气
- 动作要点：不抬起的手臂抵住膝关节内侧，防止下肢跟随上身转动

动作讲解

◆ 全蹲，双脚间距比肩宽，双脚脚尖与膝关节均朝外，双手放置在双脚脚面，保持腰背挺直，下颌收紧。

◆ 身体转向一侧，同时该侧手臂伸直向上举，直至该侧腰部外侧肌群有明显的拉伸感，保持该动作至规定的时间，换对侧交替进行，完成规定的次数或组数。

腰背保持挺直

手臂伸直

臀部不要抬起

扭转拉伸

- 训练目标：柔韧性
- 目标肌肉：腹外斜肌、腹内斜肌、
  臀大肌

- 注意事项：全程均匀呼吸
- 动作要点：专注于体会腹外斜肌、腹内
  斜肌和臀大肌的拉伸感

动作讲解

◆ 身体呈仰卧姿势躺在垫子上，右腿屈膝屈髋，左腿伸直，两臂
  伸直放在身体的两侧。

◆ 右腿内收内旋，使右腿在身体左侧，左手按住右膝上方，缓慢
  发力将右膝向下方压，直至腰腹部和臀部的肌肉有中等程度的
  拉伸感。右侧肩膀和背部紧贴垫子，保持该动作至规定的时间。
  换至对侧交替进行，完成规定的次数或组数。

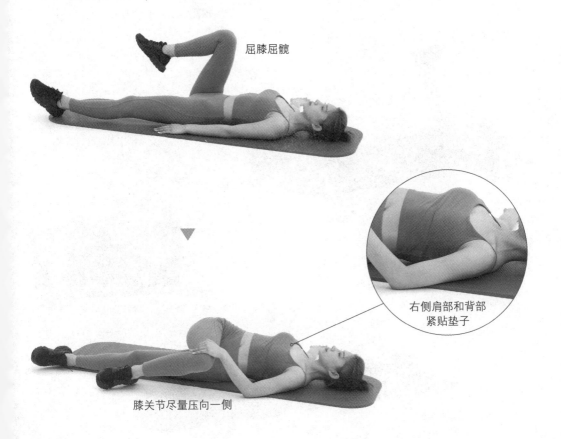

屈膝屈髋

右侧肩部和背部
紧贴垫子

膝关节尽量压向一侧

105

蝎子式

- 训练目标：柔韧性、灵活性
- 目标肌肉：腹外斜肌、腹直肌、腰方肌
- 注意事项：抬腿时呼气，还原时吸气
- 动作要点：胸部紧贴在垫子上

动作讲解

◆ 身体俯卧在垫子上，双腿伸直与肩同宽，双臂伸直，在身体两侧展开。

◆ 一侧腿伸髋屈膝向上蹬。

◆ 向上蹬的腿向对侧腿方向继续蹬出。缓慢收回蹬出的腿恢复到初始姿势，同时进行吸气。换至对侧进行，完成规定的次数或组数。

伸髋屈膝向上蹬

胸部紧贴垫子

第10章

臀部拉伸

10

臀部问题预防与处理

　　臀部是腰与腿的结合部，在人体进行行走、跑步、跳跃、侧向移动、睡眠、呼吸甚至消化食物时都起到非常重要的作用。

　　臀部肌肉由臀大肌、臀中肌、臀小肌、梨状肌、上孖肌、下孖肌、股方肌等组成。其中臀大肌位于臀部，覆盖臀中肌下半部及其他小肌群，主要功能是使髋关节后伸。臀中肌位于臀大肌深面，臀小肌位于臀中肌深面。臀中肌和臀小肌均呈扇形，位于髋关节外侧，可使髋关节外展。另外，臀中肌和臀小肌的前部肌纤维使髋关节内旋，后部肌纤维使髋关节外旋。梨状肌起于骶骨前侧面，经坐骨大孔，止于股骨大转子，使大腿外旋。闭孔内肌、闭孔外肌、上孖肌、下孖肌、股方肌都为深层肌肉。

　　臀部肌肉作为身体中一个强大的肌肉群，如果忽视对其的锻炼和保护，可能会造成身体其他部位受损。所以有效的臀部拉伸是必不可少的。不同的臀部拉伸动作对不同肌肉刺激的程度也不同。

臀部不健康的表现

　　臀部肌肉是日常生活中很少锻炼到的肌肉。由于臀部是上下肢的交叉点、平衡点，它的大小与形态关系到整个身体的美感。对于长期久坐的人来说，臀部是最为紧张的，长此以往会引发腰背部的疼痛。而臀肌较弱的人群，不仅臀部肌肉松弛、臀型不美观，在运动时骨盆的稳定性也会很差，从而影响下肢的稳定，引发腰部疼痛、背部疼痛、膝关节疼痛等健康问题。

臀部拉伸的作用

　　臀部包含着大量的肌肉，生活中的站、坐、蹲、爬等动作都会带动臀部肌肉的运动，这些肌肉可以稳定骨盆。通过拉伸臀部的主要肌肉可以预防损伤，减少背部疼痛，提高在运动中的速度和力量；同时可以提高臀部柔韧性，并塑造出轮廓优美又紧实的臀部。

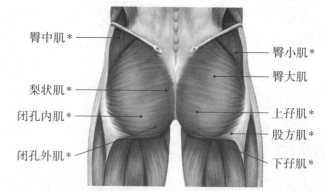

臀中肌*　　臀小肌*　　臀大肌　　梨状肌*　　闭孔内肌*　　上孖肌*　　股方肌　　闭孔外肌*　　下孖肌*

臀部肌肉示意图

*表示深层肌肉

臀部动态拉伸

- 训练目标：柔韧性
- 目标肌肉：臀大肌

- 注意事项：抬腿时吸气，放下时呼气
- 动作要点：专注于体会臀部的拉伸感

动作讲解

◆ 身体呈站立姿态，与肩同宽，双臂自然垂直在身体的两侧。

◆ 身体重心移到一侧腿上，对侧腿屈髋屈膝抬起，并用双手抱住该腿的膝盖。

◆ 支撑腿踮起脚尖，同时双手将对侧腿向躯干用力拉，被拉伸腿落地。换至对侧交替进行，完成规定的次数或组数。

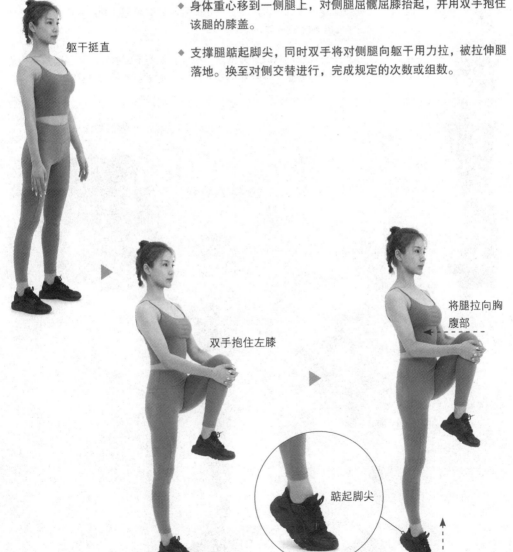

躯干挺直

双手抱住左膝

将腿拉向胸腹部

踮起脚尖

臀部外侧动态拉伸

- 训练目标：柔韧性
- 目标肌肉：臀大肌、臀中肌、臀小肌
- 注意事项：全程均匀呼吸
- 动作要点：腰背保持直立，收紧腹部

动作讲解

- 身体呈站立姿态，双脚略微分开，双臂自然下垂，放于身体两侧。

- 身体重心移到一侧腿上，对侧腿屈髋屈膝抬起，并用双手分别抱住该腿的小腿上部和脚踝。

- 双手将腿向该侧肩膀方向用力拉伸，直至该腿的臀部外侧肌群有中等程度的拉伸感。换至对侧交替进行，完成规定的次数或组数。

将腿拉向肩膀方向

腰背保持直立

坐姿 – 臀外展肌拉伸

- 训练目标：柔韧性
- 目标肌肉：臀中肌、阔筋膜张肌、腹内斜肌、腹外斜肌
- 注意事项：全程均匀呼吸
- 动作要点：全程保持核心收紧，挺直背部

动作讲解

◆ 身体坐在垫子上，双腿伸直平放在垫面上。蜷起一侧腿并把脚放在对侧腿的膝盖外侧，伸出蜷起腿的对侧手臂，并用肘关节扣住蜷起腿的膝关节外侧，对侧手置于身体后方保持身体稳定。

◆ 躯干向蜷起腿的一侧转动，同时扣在腿上的手臂发力，将蜷起的腿压向对侧。注意在拉伸的过程中，被拉伸一侧的臀部后侧、外侧应感觉到明显的拉伸感，保持该动作至规定的时间。换至对侧交替进行，完成规定的次数或组数。

背部保持挺直

臀部拉伸

- 训练目标：柔韧性
- 目标肌肉：臀大肌、臀中肌、臀小肌、梨状肌
- 注意事项：全程保持均匀呼吸
- 动作要点：专注于体会臀大肌的拉伸感

动作讲解

◆ 双手撑在垫子上，将一侧的腿屈膝折叠，小腿放于身体前方，另一条腿向身体后侧伸直，紧贴垫子。

◆ 躯干保持中立位，挺直腰背。

◆ 保持该动作至规定的时间，换至对侧交替进行，完成规定的次数或组数。

腰背保持挺直

腿部紧贴垫子

保持规定时间

站姿-4字臀部拉伸

- 训练目标：柔韧性
- 目标肌肉：臀大肌、臀中肌、臀小肌、梨状肌

- 注意事项：全程均匀呼吸，同时跟随呼吸的节奏加大拉伸幅度
- 动作要点：拉伸时保持躯干挺直，同时保持重心稳定

动作讲解

◆ 站立位，双脚略微分开，双臂自然下垂，放于身体两侧。

◆ 保持躯干挺直，一侧腿屈髋屈膝抬起，将踝关节放置于对侧腿的膝盖上方，保持身体稳定，支撑腿缓慢屈髋屈膝下蹲，直至臀部有中等程度的拉伸感。换至对侧交替进行，完成规定的次数或组数。

身体保持稳定

下蹲

下蹲至臀部有拉伸感

风车拉伸

- 训练目标：柔韧性
- 目标肌肉：臀大肌、臀中肌、腹外斜肌、腹内斜肌
- 注意事项：抬腿向对侧触地时呼气，同时跟随呼吸的节奏加大拉伸幅度
- 动作要点：单侧腿向对侧移动触地过程中，尽可能保证胸椎以上部位接触垫子

动作讲解

◆ 身体仰卧于垫上，双脚并拢，双腿伸直，双手掌心向下放于身体两侧。

◆ 右腿直腿抬起后向左侧水平内收至最大幅度，同时双臂外展。换至对侧交替进行，完成规定的次数或组数。

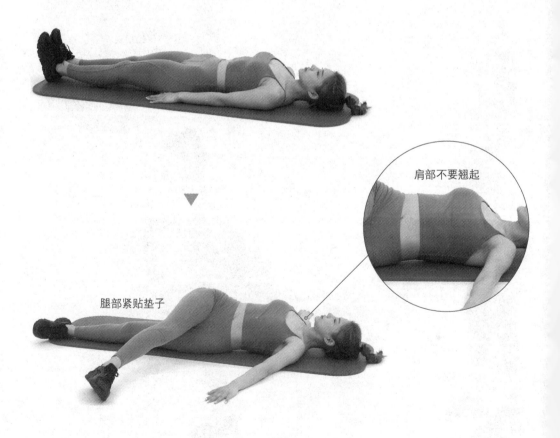

肩部不要翘起

腿部紧贴垫子

仰卧-4字臀部拉伸

- 训练目标：柔韧性
- 目标肌肉：臀大肌、臀中肌、臀小肌、梨状肌
- 注意事项：全程均匀呼吸
- 动作要点：重点体会梨状肌是否有拉伸感

动作讲解

◆ 身体呈仰卧姿势平躺于垫子上，将右脚脚踝放置在左膝上方，双手抱住左侧小腿，保持头部及背部紧贴垫子。

◆ 双手将左腿用力拉向身体，直至右侧梨状肌有明显的拉伸感。保持该动作至规定的时间，换至对侧交替进行，完成规定的次数或组数。

头部和背部紧贴垫子

拉向身体

坐姿-4字臀部拉伸

- 训练目标：柔韧性
- 目标肌肉：臀大肌、臀中肌、臀小肌、梨状肌

- 注意事项：全程保持均匀呼吸
- 动作要点：全程保持背部挺直

手掌扶在肩上

动作讲解

- 身体坐于垫上，双腿屈髋屈膝，一侧腿全脚掌着地，对侧脚搭在着地腿的大腿上，抬头挺胸，将两臂伸直置于身体两侧起支撑作用。搭档单膝跪在被拉伸者身后一臂的距离处，然后身体前倾，双手扶在被拉伸者肩上。

- 搭档用力将被拉伸者的身体向前推，此时被拉伸者臀部肌群应有中等程度的拉伸感，保持该动作至规定的时间。换至对侧交替进行，完成规定的次数或组数。

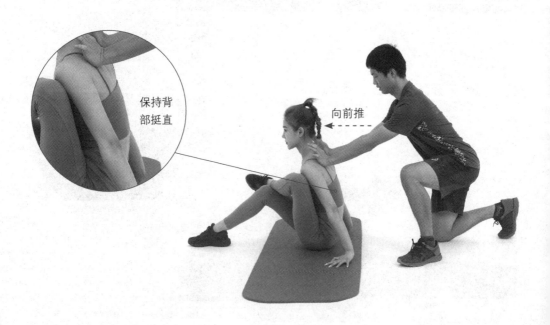

保持背部挺直

向前推

坐姿 – 臀部拉伸

- 训练目标：柔韧性
- 目标肌肉：臀大肌
- 注意事项：全程均匀呼吸
- 动作要点：全程挺直背部

动作讲解

◆ 坐在垫子上，蜷起一侧腿并把脚放在对侧腿的膝关节外侧，双手扶在蜷起侧的膝关节下方，双臂同时抱住蜷起的腿。保持身体稳定。

◆ 双手缓慢用力将被抱住的腿拉向躯干。注意在拉伸的过程中，被拉伸的臀部后侧应感觉到中等程度的拉伸感，保持该动作至规定的时间。换至对侧交替进行，完成规定的次数或组数。

全程均匀呼吸

保持背部挺直

117

仰卧 – 臀部拉伸

- 训练目标：柔韧性
- 目标肌肉：臀大肌
- 注意事项：全程均匀呼吸
- 动作要点：伸直的腿尽量不要弯曲

动作讲解

- ◆ 身体平躺在垫子上，一侧腿伸直尽量贴近垫面，对侧腿屈髋屈膝举于腹前，双手抱膝。

- ◆ 双手用力将蜷起的腿压向胸部，直至臀部肌肉有中等程度的拉伸感，保持该动作至规定的时间。换至对侧交替进行，完成规定的次数或组数。

臀部不要离开垫子

伸直腿尽量不要弯曲

压向胸腹部

仰卧－单腿－膝触胸拉伸

- 训练目标：柔韧性、灵活性
- 目标肌肉：臀大肌

- 注意事项：全程均匀呼吸，同时跟随呼吸的节奏加大拉伸幅度
- 动作要点：拉伸过程中若髋关节前侧有挤压感，可恢复到初始姿势再次进行或改变方位

动作讲解

◆ 身体仰卧在垫子上，挺直躯干，双臂放于身体两侧，双腿并拢。

◆ 屈膝屈髋抬起一侧腿，双手抱膝向胸部方向拉，直至臀部肌肉有中等程度的拉伸感，保持该动作至规定的时间，换至对侧交替进行，完成规定的次数或组数。

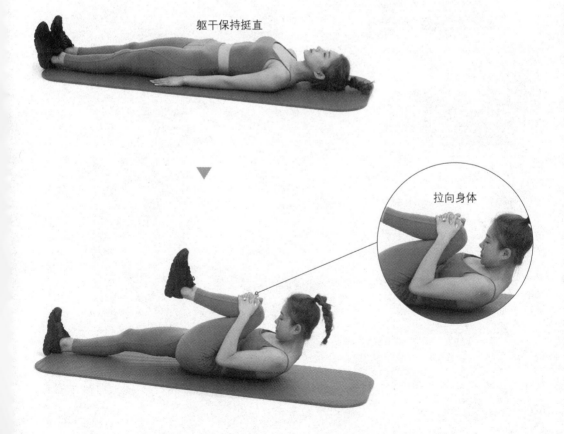

躯干保持挺直

拉向身体

第11章

腿部和足部拉伸

腿部和足部问题预防与处理

　　腿部与足部统称为下肢，主要用于承受行走、奔跑、跳跃等一系列的直立状态动作所产生的压力。

　　下肢肌肉分为大腿肌、小腿肌、足肌三大部分。大腿肌分为前外侧、后侧和内侧三个肌群。大腿前外侧肌群主要由股四头肌、缝匠肌和阔筋膜张肌等组成；内侧肌群主要由大收肌、耻骨肌、短收肌、长收肌以及股薄肌等组成；后侧肌群主要由股二头肌、半腱肌和半膜肌等组成。小腿肌分前群、外侧群和后群。前群有胫骨前肌、趾长伸肌、踇长伸肌；外侧肌群有腓骨长肌和腓骨短肌；后群有小腿三头肌、趾长屈肌、踇长屈肌及胫骨后肌，其中小腿三头肌是小腿最主要的肌肉，它由腓肠肌和比目鱼肌组成。人体站立时，其收缩时能提起足跟。足肌较为短小，可分为足背肌和足底肌两部分。足背肌有伸趾的功能，足底肌有屈趾的功能。

腿部和足部不健康的表现

　　在没有进行充分热身的情况下进行跑步、跳跃等动作后，腿部和足部的肌肉会产生紧张式的疼痛，严重时还会造成肌肉失衡，使血液循环能力变差，出现腿部和足部水肿、肌肉痉挛等症状。而在日常工作中，很多人由于工作要求穿高跟或鞋底很硬的鞋子，这种鞋子会对足部关节运动产生限制，长期穿的话会改变腿部和足部的组织机能，可能会造成腿部肌肉受损、跟腱受伤等情况。而长时间行走或跑步也会引起足跟疼痛和肌肉紧张，严重时会引发足底筋膜炎等症状。

腿部和足部拉伸的作用

　　腿部和足部的拉伸运动可以提高踝关节的稳定性，缓解运动后的肌肉酸痛，提高肌肉的运动效能，改善腿部和足部的紧绷问题，提前预防关节老化和肌肉萎缩。同时还能让腿部的肌肉线条更修长，让身材看上去更加匀称。

　　腿部和足部的拉伸还可以快速有效地放松整个身体，保持腿部和足部的肌肉活力，从而有效地对抗疲劳，有助于完成日常活动和体育运动。

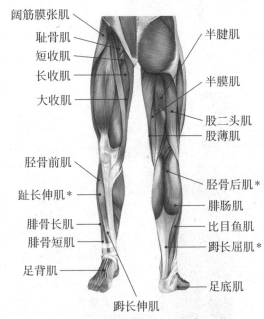

阔筋膜张肌
耻骨肌
短收肌
长收肌
大收肌
半腱肌
半膜肌
股二头肌
股薄肌
胫骨前肌
趾长伸肌*
腓骨长肌
腓骨短肌
足背肌
踇长伸肌
胫骨后肌*
腓肠肌
比目鱼肌
踇长屈肌*
足底肌

腿部和足部肌肉示意图

*表示深层肌肉

121

站姿－屈髋肌拉伸

- 训练目标：柔韧性
- 目标肌肉：髂腰肌

- 注意事项：全程均匀呼吸
- 动作要点：全程核心收紧

动作讲解

◆ 身体呈站立姿势，腰背挺直，双臂自然放在身体两侧。

◆ 一侧腿向前跨步，呈箭步姿势，然后身体继续下降，直到大腿前
侧肌群有明显的拉伸感，保持该动作至规定的时间。换至对侧交
替进行，完成规定的次数或组数。

腰背保持挺直

全程核心收紧

站姿－触脚趾

- 训练目标：柔韧性
- 目标肌肉：腘绳肌
- 注意事项：全程均匀呼吸
- 动作要点：膝关节和腰背全程保持伸直

动作讲解

◆ 身体呈站立姿势，双脚间距与肩同宽，腰背挺直，双臂放在身体两侧。

◆ 保持双腿和腰背伸直，屈髋的同时用双手够向脚尖直至大腿及小腿后侧肌群有中等程度的拉伸感，保持该动作至规定的时间，完成规定的次数或组数。

腰背保持挺直

大腿前侧拉伸

- 训练目标：柔韧性
- 目标肌肉：股四头肌

- 注意事项：全程均匀呼吸，同时跟随呼吸的节奏加大拉伸幅度
- 动作要点：拉伸过程中髋部前挺

动作讲解

◆ 身体呈站立姿势，脚尖朝前，双脚分立，距离约与肩同宽，双臂伸直自然下垂。

◆ 躯干挺直，髋部前挺。左腿支撑，右腿屈膝后伸，同侧手将脚背向臀部方向拉，直至大腿前侧肌肉有中等程度的拉伸感，同时对侧手屈肘于胸前。保持该动作至规定的时间，换至对侧交替进行，完成规定的次数或组数。

躯干保持挺直

髋部
前挺

站姿－大腿前侧拉伸

- 训练目标：柔韧性
- 目标肌肉：股四头肌
- 注意事项：全程均匀呼吸
- 动作要点：全程保持重心稳定，背部挺直

动作讲解

◆ 身体呈站立姿势，双脚分立，双臂放于身体两侧。

◆ 将身体重心转移到一侧腿上，然后将对侧的腿向后屈膝，并用同侧手作为辅助，压住该脚脚面。

◆ 将被拉伸腿的脚跟用力压向臀部，直至大腿前侧肌群有中等程度的拉伸感，保持该动作至规定的时间。换至对侧交替进行，完成规定的次数或组数。

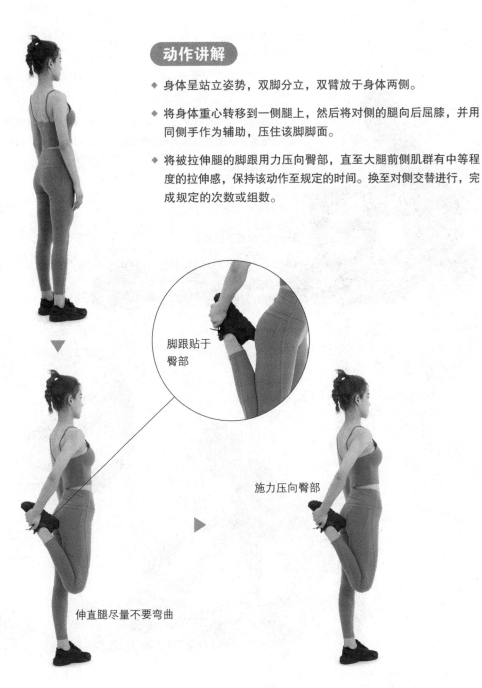

脚跟贴于臀部

施力压向臀部

伸直腿尽量不要弯曲

股四头肌被动拉伸

- 训练目标：柔韧性
- 目标肌肉：股四头肌
- 注意事项：全程均匀呼吸
- 动作要点：重点体会股四头肌的拉伸感

动作讲解

◆ 被拉伸者俯卧在垫子上，头转向一侧，手臂伸直放松，放于身体两侧。

◆ 搭档单膝跪在垫子上，双手分别按住被拉伸者的一侧脚掌和握住胫骨下端，使被拉伸者的脚跟靠近同侧腿的臀部，缓慢用力。保持规定的时间后换至对侧，重复以上步骤。

另一侧腿尽量不要弯曲

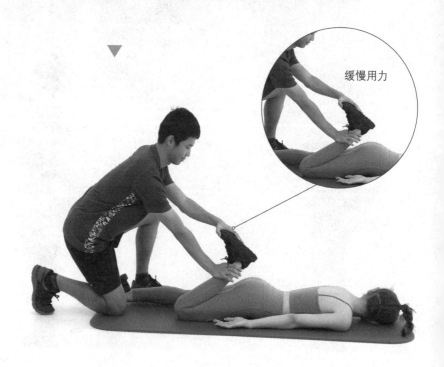

缓慢用力

股四头肌拉伸

- 训练目标：柔韧性
- 目标肌肉：股四头肌
- 注意事项：全程均匀呼吸
- 动作要点：重点体会股四头肌的拉伸感

动作讲解

◆ 双手撑住垫子，将左侧腿屈膝折叠，小腿放于身体的前方，右腿及膝关节紧贴垫子。

◆ 左手撑住垫子，保持身体稳定，右手尽可能抓住右脚踝关节稍上方，将其拉向臀部，直至股四头肌有中等程度的拉伸感，保持该动作至规定的时间。换至对侧交替进行，完成规定的次数或组数。

另一侧腿髋关节
紧贴垫子

拉向臀部

90度－腘绳肌拉伸

- 训练目标：柔韧性
- 目标肌肉：腘绳肌

- 注意事项：全程均匀呼吸，同时跟随呼吸的节奏加大拉伸幅度
- 动作要点：拉伸时要固定好需要拉伸的下肢，同时避免对侧代偿

动作讲解

◆ 身体在垫子上呈仰卧姿势，双腿伸直且并拢，双手掌心向下放在身体两侧。

◆ 一侧腿屈膝屈髋，双手抱于大腿后侧，将大腿向身体方向拉至最大幅度，然后抬起的腿主动伸直，保持该动作至规定的时间。换至对侧交替进行，完成规定的次数或组数。

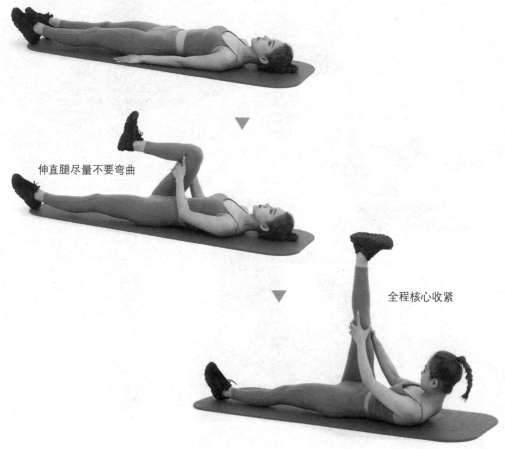

伸直腿尽量不要弯曲

全程核心收紧

体前屈－转体

- 训练目标：柔韧性
- 目标肌肉：腘绳肌

- 注意事项：全程均匀呼吸
- 动作要点：膝关节尽量不要弯曲

动作讲解

◆ 身体呈站姿，双脚开立距离大于肩宽，腰背挺直，双臂自然放在身体两侧。

◆ 屈髋俯身至大腿后侧有中等程度的拉伸感，双臂伸直，一侧手臂向下够对侧脚，对侧手臂向上伸直，与地面垂直。换至对侧交替进行，完成规定的次数或组数。

腰背保持挺直

膝关节尽量不要弯曲

站姿－比目鱼肌及跟腱拉伸

- 训练目标：柔韧性
- 目标肌肉：比目鱼肌、腓肠肌

- 注意事项：全程均匀呼吸
- 动作要点：脚掌始终贴在地面，不要抬起来

动作讲解

◆ 身体呈站立姿态，抬头挺胸，目视前方，收紧下颌，随后将一条腿向前跨出。

◆ 保持后脚脚跟踩在地上，双腿弯曲，身体下降，直至后腿的小腿后侧肌群有中等程度的拉伸感，保持该动作至规定的时间。换至对侧交替进行，完成规定的次数或组数。

腿部伸直

脚跟不要抬起来

髂腰肌拉伸

- 训练目标：柔韧性
- 目标肌肉：髂腰肌

- 注意事项：全程均匀呼吸
- 动作要点：身体逐渐向一侧旋转至最大幅度，集中精神，专注于体会髂腰肌的拉伸感

左腿大小腿之间保持
90度左右

动作讲解

◆ 身体呈弓步姿势，左腿在前，右腿在后，腹部收紧，左腿大小腿之间保持90度左右，小腿垂直于地面，膝关节和脚尖方向一致，右脚脚尖点地，双手交叠轻压在左腿膝关节上方。

◆ 身体向左侧慢慢旋转，直至左侧髂腰肌有中等程度的拉伸感。保持该动作至规定的时间，换至对侧交替进行，完成规定的次数或组数。

向左旋转至
最大幅度

交替-直膝抬腿

- 训练目标: 柔韧性
- 目标肌肉: 腘绳肌
- 注意事项: 全程均匀呼吸
- 动作要点: 注意膝关节不能屈曲，体会核心收紧的感觉，控制大腿逐步抬高至垂直于地面

动作讲解

◆ 身体呈一条直线，仰卧于垫子上，双臂自然放于身体两侧。

◆ 核心收紧，直膝屈髋，缓慢抬起一侧腿至身体中部并垂直于地面，回到初始姿势。

◆ 两侧交替进行，完成规定的次数或组数。

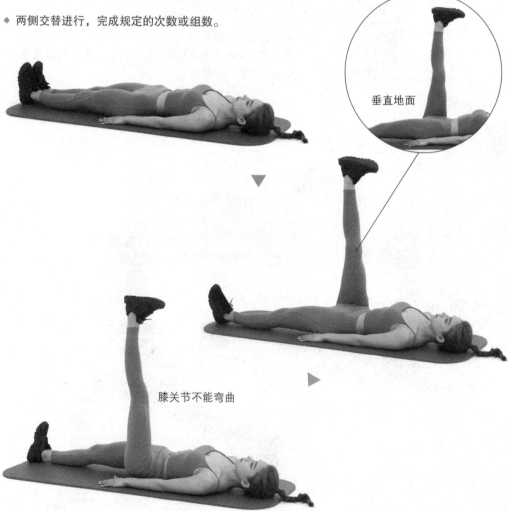

垂直地面

膝关节不能弯曲

仰卧-交替-直腿抬腿

- 训练目标：柔韧性
- 目标肌肉：腘绳肌
- 注意事项：全程均匀呼吸，同时跟随呼吸的节奏加大拉伸幅度
- 动作要点：拉伸过程中保持下肢伸直

动作讲解

◆ 身体呈仰卧姿态躺在垫子上，躯干挺直，双臂放于身体两侧，掌心朝下，双腿并拢。

◆ 抬起一侧腿，双手抱住抬起的膝关节向胸部方向牵引，另一侧腿保持伸直状态，直至有中等程度的拉伸感，保持该动作至规定的时间。换至对侧交替进行，完成规定的次数或组数。

臀部不要离开垫子

保持腿部伸直

全程核心收紧

俯身－腿后侧拉伸

- 训练目标：柔韧性
- 目标肌肉：腘绳肌

- 注意事项：跟随呼吸节奏增大拉伸幅度
- 动作要点：拉伸腿（前侧腿）保持伸直

动作讲解

◆ 身体呈站立位，左腿向前自然伸出，腿伸直，足跟着地，右腿略微屈曲。

◆ 躯干保持挺直，向前屈曲髋关节，直至左侧腘绳肌有中等程度的拉伸感。保持该动作至规定的时间，换至对侧进行，完成规定的次数或组数。

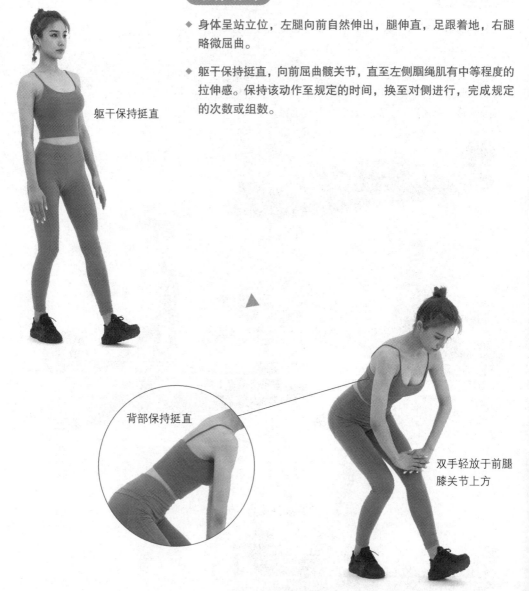

躯干保持挺直

背部保持挺直

双手轻放于前腿膝关节上方

横叉－俯身拉伸

- 训练目标：柔韧性
- 目标肌肉：大腿内收肌、腘绳肌
- 注意事项：全程均匀呼吸
- 动作要点：两腿伸直分开至最大幅度，置于身体两侧，重点体会大腿内侧肌群的拉伸感

动作讲解

◆ 身体呈坐姿，双腿伸直、分开，躯干保持挺直，双手放在身体前方。

◆ 双手逐渐向前，躯干向前俯身，直至大腿内侧肌群有中等程度的拉伸感。保持该动作至规定的时间，完成规定的次数或组数。

躯干保持挺直

双腿分至最大幅度

俯身幅度增大

向下俯身

手臂伸直

竖叉动态拉伸

- 训练目标：柔韧性
- 目标肌肉：腘绳肌、股四头肌
- 注意事项：全程均匀呼吸
- 动作要点：髋、膝、踝保持在同一直线，在过程中注意前脚脚跟着地，后脚脚尖点地

动作讲解

◆ 双手撑垫子，与肩部同宽。前腿伸直置于双手之间，膝关节和脚尖方向一致，脚尖朝前，后腿跪地，脚尖点地，大腿与地面垂直。

◆ 躯干与前腿保持不动，后腿蹬地发力伸直，此时前后腿均为伸直状态，两腿间夹角大于90度。前腿保持伸直不动，后腿回到初始姿势，然后重复以上步骤至规定的次数或组数。换对侧腿重复此过程。

前腿保持伸直状态

脚跟抬起

后腿伸直

交替－侧弓步

- 训练目标：力量、灵活性、柔韧性
- 目标肌肉：臀大肌、腘绳肌、内收肌群
- 注意事项：全程均匀呼吸
- 动作要点：注意身体重心的左右平移，集中精神，体会内收肌的拉伸感

动作讲解

◆ 身体呈站姿，抬头挺胸，目视前方，收紧下颌，双臂自然下垂，双腿伸直，臀部收紧，双脚分开。

◆ 身体重心向左移动，俯身向下，屈髋屈膝，膝盖不要超过脚尖，呈侧弓步姿势，左手扶在膝关节上方，右手伸直手掌触地。两侧交替进行，完成规定的次数或组数。

双脚之间的宽度要大于肩宽

脚尖朝外

膝盖不要超过脚尖

单手触地

交替 – 前踢触脚尖

- 训练目标：力量
- 目标肌肉：臀大肌、腘绳肌
- 注意事项：全程均匀呼吸
- 动作要点：向上踢腿时，抬高腿保持膝关节伸直，腰背部保持挺直

动作讲解

◆ 身体呈站姿，抬头挺胸，目视前方，收紧下颌，双臂自然下垂，双腿伸直，臀部收紧，双脚分开与肩同宽。

◆ 左腿用力屈髋，直膝上踢，左手顺势前摆，同时触碰脚尖，再回到初始姿势。

◆ 右腿用力屈髋，直膝上踢，右手顺势前摆，同时触碰脚尖，再回到初始姿势。

◆ 左右交替进行，完成规定的次数或组数。

核心保持收紧

腿部伸直

交替-踢腿

- 训练目标：柔韧性
- 目标肌肉：臀大肌、腘绳肌
- 注意事项：全程均匀呼吸
- 动作要点：拉伸过程中注意稳定重心

动作讲解

- 身体呈站姿，抬头挺胸，目视前方，收紧下颌，双臂自然下垂，双腿伸直，臀部收紧，双脚分开与肩同宽，放松向前走三步。

- 第四步右腿用力屈髋，直膝上踢，左手顺势前摆，触碰脚尖。回到初始姿势。

- 放松向前走三步后，第四步左腿用力屈髋，直膝上踢，右手顺势前摆，触碰脚尖。回到初始姿势。左右交替进行，完成规定的次数或组数。

腿部伸直

支撑腿膝关节微屈

全程均匀呼吸

麻花式拉伸

- 训练目标：柔韧性
- 目标肌肉：腹外斜肌、腹内斜肌、股四头肌、臀大肌
- 注意事项：全程均匀呼吸
- 动作要点：重点体会腰腹部、股四头肌、臀大肌的拉伸感

动作讲解

◆ 身体侧躺在垫子上，左侧在下、右侧在上，躯干保持中立位，核心收紧。左腿向后屈曲，右手向后拉住左脚脚踝；右腿屈曲约90度放于身前，左手抓住右侧大腿下部。

◆ 右手将左脚踝关节向身体后方拉，充分拉伸，保持该动作至规定的时间。换对侧交替进行，完成规定的次数或组数。

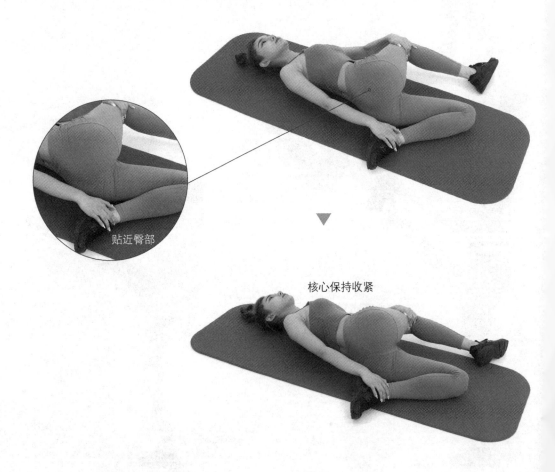

贴近臀部

核心保持收紧

前后踮脚尖

- 训练目标：柔韧性、力量
- 目标肌肉：小腿肌群
- 注意事项：全程均匀呼吸
- 动作要点：身体挺直，核心收紧

动作讲解

◆ 身体呈站姿，抬头挺胸，目视前方，收紧下颌，双臂自然下垂，双腿伸直，臀部收紧，双脚分开与肩同宽。

◆ 双臂上举，位于头部两侧，与肩同宽，两掌心相对，保持不动，同时踮起双脚。

◆ 腿部带动核心发力，身体重心由前脚掌过渡到脚后跟，脚后跟着地。完成规定的次数或组数。

手臂伸直

前脚掌着地

脚跟着地

141

前后摆腿

- 训练目标：灵活性、柔韧性
- 目标肌肉：髂腰肌、股四头肌、臀大肌、腘绳肌
- 注意事项：全程均匀呼吸
- 动作要点：支撑腿、摆动腿都尽量保持伸直的状态，同时上半身保持稳定

动作讲解

- 双脚平行站立，脚尖朝前，双腿伸直，收紧臀部，抬头挺胸，收紧下颌，左手扶凳子靠背，右手置于右侧腰部。

- 身体保持不动，用左腿支撑身体，右腿直膝向前抬腿至胸前高度。

- 右腿顺势后摆至最大幅度，完成规定的次数或组数，对侧亦然。

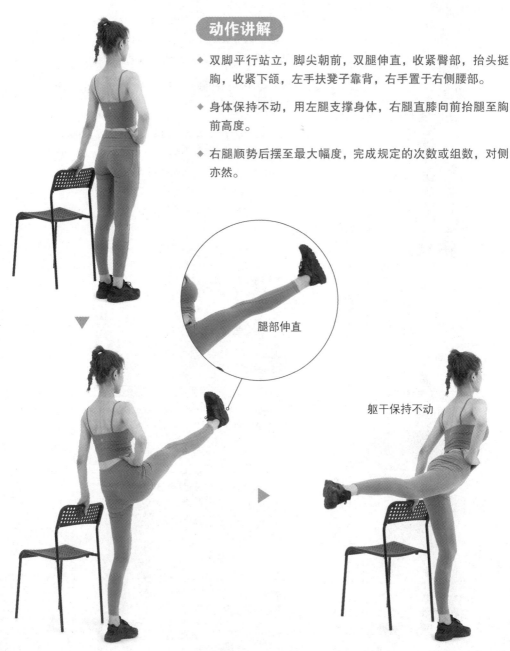

腿部伸直

躯干保持不动

腿部内收肌拉伸

- 训练目标：柔韧性
- 目标肌肉：大腿内收肌

- 注意事项：全程均匀呼吸
- 动作要点：被拉伸腿尽量伸直，重心腿全脚掌着地

挺直背部

动作讲解

◆ 双腿屈髋屈膝下蹲，一侧腿大腿小腿完全贴合，身体重心移至该侧腿，另一侧腿向身体外侧伸直。下颌收紧，臀部收紧，双手伸直支撑在身前的地面上。

◆ 臀部慢慢向下压，直到大腿内侧肌群有中等程度的拉伸感，保持该动作至规定的时间。换至对侧交替进行，完成规定的次数或组数。

脚跟贴紧地面

腿部伸直

直腿-腓肠肌拉伸

- 训练目标：柔韧性
- 目标肌肉：腓肠肌
- 注意事项：全程均匀呼吸
- 动作要点：拉伸过程中伸直腿脚跟尽量贴住地面

◆ 身体呈俯撑姿势，双手伸直撑于垫子上，一条腿伸直，脚掌着地，对侧腿搭在伸直腿小腿上。

◆ 伸直的那条腿始终保持伸直的姿势，然后脚跟缓慢着地，直至该腿的腓肠肌有中等程度的拉伸感，保持该动作至规定的时间。换至对侧交替进行，完成规定的次数或组数。

全程均匀呼吸

腿部伸直

挺直背部

小腿拉伸

- 训练目标：柔韧性
- 目标肌肉：比目鱼肌、腓肠肌
- 注意事项：准备动作时吸气，身体向前时（小腿有拉伸感时）呼气
- 动作要点：拉伸要缓慢，不要过度发力，体会小腿的拉伸感

动作讲解

◆ 身体呈站姿，手扶一把椅子的靠背或类似的其他东西，双手与肩同宽，腰背挺直，核心收紧，前腿屈髋，同时屈膝接近120度，脚尖朝前，脚跟在肩关节的正下方。后腿伸直，全脚掌着地，脚跟不能抬离地面，后腿与躯干呈一条直线。

◆ 前腿膝关节顺势向前移动，但不超过脚尖，重心靠前，后腿伸直，保持全脚掌着地不动至规定的时间。换至对侧交替进行，完成规定的次数或组数。

保持背部挺直

后腿伸直

身体前倾

膝盖不要超过脚尖

抱腿体前屈

- 训练目标：柔韧性
- 目标肌肉：腘绳肌、竖脊肌

- 注意事项：全程均匀呼吸，同时跟随呼吸的节奏加大拉伸幅度
- 动作要点：拉伸过程中保持双腿伸直

动作讲解

◆ 身体呈坐姿，背部挺直，垂直于地面。双腿并拢且伸直，脚尖向上，双手抓住两侧大腿后侧。

◆ 躯干和髋关节屈曲，向大腿方向靠近，双手抱于膝后，直至大腿后侧和腰背部有中等程度的拉伸感。完成规定的次数或组数。

双腿并拢

保持双腿伸直

踝关节动态屈伸

- 训练目标：柔韧性、灵活性
- 目标肌肉：胫骨前肌、腓肠肌、比目鱼肌
- 注意事项：全程保持均匀呼吸
- 动作要点：动作全程保持背部挺直，膝关节伸直

动作讲解

◆ 坐姿，背部平直，双腿向前并拢伸直，脚尖绷直，双手在身后支撑身体。

◆ 向身体方向逐渐勾脚尖至目标肌肉有中等程度的拉伸感。保持该动作至规定的时间，完成规定的次数或组数。

坐姿-小腿拉伸

- 训练目标：柔韧性
- 目标肌肉：腓肠肌
- 注意事项：全程均匀呼吸
- 动作要点：被拉伸腿的膝关节不要弯曲

动作讲解

◆ 身体呈坐姿，躯干直立，垂直于地面。双腿并拢且伸直，脚尖向上。

◆ 蜷起一侧腿并使大腿与躯干贴合，同时用这一侧手抱住蜷起的腿，保持身体
稳定。另一侧手臂向前伸，轻轻抓住该侧腿的脚尖底部，并开始施力将脚尖
拉向躯干。注意，在拉伸的过程中被拉伸的腿的膝关节不应弯曲，并且应感
觉到小腿后侧有中等程度的拉伸感。保持该动作至规定的时间，换至对侧交
替进行，完成规定的次数或组数。

双腿并拢

膝关节不要弯曲

坐姿－腿部后侧拉伸

- 训练目标：柔韧性
- 目标肌肉：腘绳肌、腓肠肌
- 注意事项：全程均匀呼吸
- 动作要点：全程保持核心收紧，挺直背部

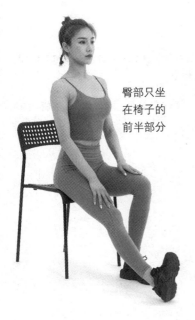

臀部只坐
在椅子的
前半部分

动作讲解

- 身体端坐在椅子上，臀部只与椅子表面的前半部分接触，双脚分开，身体朝向正前方。保持一侧腿不动，另一侧腿伸直向前，用脚后跟撑地，并将脚尖向身体方向勾起。

- 保持背部挺直，髋关节屈曲使躯干向前至被拉伸侧腿后侧肌群有中等程度的拉伸感，双手轻扶在伸直侧的小腿上，保持该动作至规定的时间。换至对侧交替进行，完成规定的次数或组数。

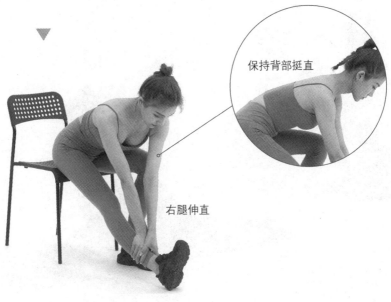

保持背部挺直

右腿伸直

坐姿－髋内收肌拉伸

- 训练目标：柔韧性
- 目标肌肉：大收肌、短收肌、长收肌、耻骨肌、股薄肌

- 注意事项：准备动作时吸气，压腿的同时，进行呼气
- 动作要点：全程保持背部挺直

动作讲解

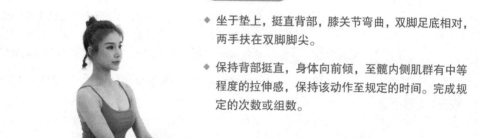

◆ 坐于垫上，挺直背部，膝关节弯曲，双脚足底相对，两手扶在双脚脚尖。

◆ 保持背部挺直，身体向前倾，至髋内侧肌群有中等程度的拉伸感，保持该动作至规定的时间。完成规定的次数或组数。

双脚足底相对

保持背部挺直

身体前倾

坐姿－腘绳肌拉伸

- 训练目标：柔韧性
- 目标肌肉：腘绳肌、腓肠肌
- 注意事项：全程均匀呼吸
- 动作要点：全程保持背部挺直

动作讲解

◆ 坐在垫子上，伸直一条腿，双手放在该条腿的脚尖底，挺直背部。对侧腿的脚底贴在伸直腿的大腿内侧，自然放松。

◆ 保持脖子、背部挺直和膝关节伸直。用双手将脚尖向身体方向拉伸，直至大腿后侧肌群有中等程度的拉伸感，保持该动作至规定的时间。换至对侧交替进行，完成规定的次数或组数。

一条腿伸直，对侧腿弯曲放松

保持背部挺直

跪姿-跪地平衡-股四头肌拉伸

- 训练目标：柔韧性
- 目标肌肉：股四头肌、髂腰肌
- 注意事项：全程均匀呼吸
- 动作要点：单膝跪地时，核心收紧，躯干保持稳定

动作讲解

◆ 双膝跪地，大腿垂直于地面，足背贴于地面，躯干保持中立位，核心收紧，双手撑住垫子。

◆ 右腿伸髋屈膝，用右手抓住右脚脚踝，轻轻发力，使脚跟慢慢靠近臀部，保持该动作至规定的时间。换至对侧交替进行，完成规定的次数或组数。

核心收紧

靠近臀部

上抬

重心要稳

跪姿－髂腰肌拉伸

- 训练目标：柔韧性
- 目标肌肉：髂腰肌
- 注意事项：全程均匀呼吸
- 动作要点：前腿的髋、膝、踝要保持在一条直线上

动作讲解

◆ 身体呈弓箭步姿势，前腿向前屈膝，膝盖和脚尖方向一致，后腿向身后伸展，膝关节与足背贴于垫子。抬头挺胸，目视前方，左手扶在前腿膝关节处，右臂垂直伸起。

◆ 身体逐渐向左侧旋转，直至右侧髂腰肌有中等程度的拉伸感。保持该动作至规定的时间，换至对侧交替进行，完成规定的次数或组数。

挺直背部

转至有明显的拉伸感

膝盖不要过脚尖

153

跪姿－屈髋肌拉伸

- 训练目标：柔韧性
- 目标肌肉：髂腰肌

- 注意事项：全程均匀呼吸
- 动作要点：后腿保持充分的伸展

动作讲解

◆ 身体呈跪姿，躯干在中立位，核心收紧，保持稳定，双手自然下垂。

◆ 左腿向前迈一步，呈弓步姿势，脚尖朝前，大腿平行于地面，右腿小腿与足背贴近垫子，大腿垂直于地面。收紧核心，腰背保持挺直，双手置于腰部两侧。

◆ 身体重心前移，右腿充分向后伸展至最大幅度，感受髂腰肌被充分拉伸。保持该动作至规定的时间，换至对侧交替进行，完成规定的次数或组数。

钝角

躯干始终保持中立位

锐角

蛙式－动态拉伸

- 训练目标：柔韧性
- 目标肌肉：耻骨肌、长收肌、短收肌、大收肌、股薄肌
- 注意事项：呼气向后，吸气向前
- 动作要点：拉伸速度不要太快

动作讲解

◆ 身体呈俯撑姿趴在垫子上，双臂屈肘撑于胸部下方，腰背挺直，双腿屈髋外展。

◆ 臀部向后下方坐，同时在头顶伸直手臂，使身体尽量贴近垫子，直至大腿内侧肌群有中等程度的拉伸感，完成规定的次数或组数。

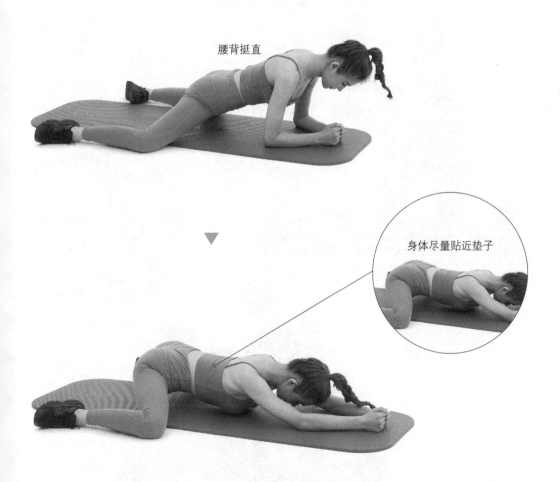

腰背挺直

身体尽量贴近垫子

仰卧－腘绳肌拉伸

- 训练目标：柔韧性
- 目标肌肉：腘绳肌

- 注意事项：全程均匀呼吸
- 动作要点：拉伸过程膝关节不要弯曲，拉伸中如果感到不适要及时告知搭档

动作讲解

◆ 身体平躺在垫子上，双腿伸直且并拢，双臂自然放在身体两侧。搭档单膝撑地位于被拉伸者两腿间的膝盖处，并用手分别轻握住被拉伸者的脚踝和膝盖上方，将被拉伸者一条腿竖直抬起，使其垂直于地面。

◆ 搭档发力将被拉伸者的腿压向其躯干，直至被拉伸者大腿后侧肌群有中等程度的拉伸感，保持该动作至规定的时间，然后放回被拉伸腿。换至对侧交替进行，完成规定的次数或组数。

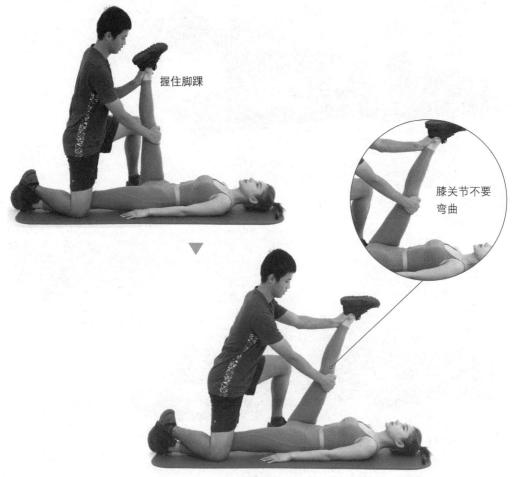

握住脚踝

膝关节不要弯曲

坐位股四头肌拉伸

- 训练目标：柔韧性
- 目标肌肉：股四头肌、髂腰肌

- 注意事项：全程均匀呼吸
- 动作要点：拉伸时双臂在身后伸直，保护躯干

动作讲解

◆ 身体呈跪姿在垫子上，双膝间距与髋部同宽，踝关节位于臀部正下方，足背贴在垫子上。抬头挺胸，目视前方，双手在背后握住脚掌中心位置。

◆ 伸膝至大腿与躯干约呈一条直线后，躯干后仰，头部朝向天花板，直至大腿前侧肌群有中等程度的拉伸感，保持该动作至规定的时间，完成规定的次数或组数。

手臂伸直

足背贴于垫上

侧卧－腹股沟拉伸

- 训练目标：柔韧性
- 目标肌肉：大收肌、长收肌、短收肌、股薄肌及耻骨肌

- 注意事项：全程均匀呼吸，同时跟随呼吸的节奏加大拉伸幅度
- 动作要点：拉伸过程中要注意保持平衡，躯干挺直

动作讲解

◆ 侧卧于垫子，躯干挺直。头部枕于靠近垫子的一侧手的掌根，另一侧手支撑于胸前。

◆ 远离垫子的一侧腿尽可能外展至大腿内侧有中等程度的拉伸感，同侧手可在膝盖附近给予辅助。换至对侧交替进行，完成规定的次数或组数。

双脚并拢

左手手臂紧贴垫子

躯干保持挺直

主动拉伸－动态坐式足尖转动

- 训练目标：柔韧性
- 目标肌肉：踇长伸肌、踇短伸肌、踇收肌、踇短屈肌、趾短屈肌、趾短伸肌等

- 注意事项：全程均匀呼吸
- 动作要点：拉伸过程中不要弓背

动作讲解

- ◆ 坐在跳箱上，一侧腿屈膝支撑于地面，另一侧腿脚踝置于对侧大腿之上。

- ◆ 脚趾最大幅度地转动，换至对侧交替进行，完成规定的次数或组数。

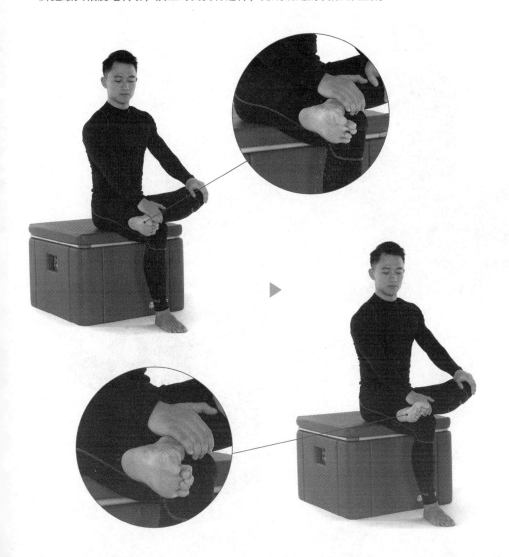

主动拉伸－坐式足部按摩

- 训练目标：柔韧性
- 目标肌肉：趾短屈肌、骨间足底肌等
- 注意事项：全程均匀呼吸
- 动作要点：按摩过程中不要弓背

动作讲解

◆ 坐在跳箱上，一侧腿屈膝支撑于地面，另一侧腿脚踝置于对侧大腿之上。

◆ 双手大拇指轻轻按摩足底。按摩至规定时间，换至对侧交替进行，完成规定的次数或组数。

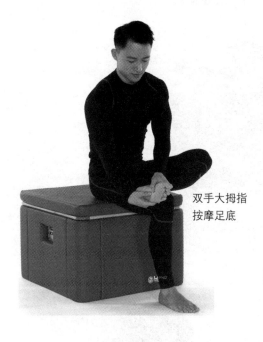

双手大拇指
按摩足底

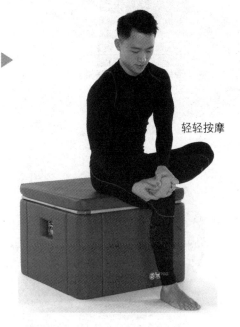

轻轻按摩

主动拉伸－动态坐式足尖屈伸

- 训练目标：柔韧性
- 目标肌肉：踇短伸肌、踇短屈肌、踇展肌、踇收肌、趾短屈肌、趾短伸肌
- 注意事项：全程均匀呼吸
- 动作要点：拉伸过程中不要弓背

动作讲解

◆ 坐在跳箱上，一侧腿屈膝支撑于地面，另一侧腿脚踝置于对侧大腿之上。

◆ 脚趾先做最大幅度的屈再做最大幅度的伸，直至目标肌肉有中等程度的拉伸感。换至对侧交替进行，完成规定的次数或组数。

脚趾尽量屈

脚趾尽量伸

扳机点球－足底筋膜放松

- 训练目标：柔韧性
- 目标肌肉：足底筋膜

- 注意事项：全程均匀呼吸
- 动作要点：身体放松，利用身体重量下压

动作讲解

◆ 身体直立站于垫上。一侧手臂向前伸展至与地面平行，手掌扶住跳箱或其他固定物来保持身体平衡。另一侧手置于腰间，同侧腿部略微屈髋屈膝，将筋膜球置于足底与垫子之间。

◆ 压球的足底前后左右移动，使球滚动。滚动至规定的时间，换至对侧交替进行，完成规定的次数或组数。

滚动压球

泡沫轴－坐姿－足底放松

- 训练目标：柔韧性
- 目标肌肉：足底肌
- 注意事项：全程均匀呼吸
- 动作要点：大腿带动小腿，从脚后跟依次滚到脚尖

动作讲解

◆ 将泡沫轴置于垫上，身体坐于与膝盖等高的跳箱或其他物体之上，挺胸抬头，双臂屈曲，双手扶于大腿之上，双腿伸直，双脚脚跟压于泡沫轴上。

◆ 双腿屈曲，脚部与泡沫轴接触点由脚跟逐步过渡至脚尖，使泡沫轴在足底滚动，带动踝关节进行屈伸训练。完成规定的次数或时间。

滚动至身前时，脚尖压在泡沫轴上

泡沫轴－坐姿－足外侧放松

- 训练目标：柔韧性
- 目标肌肉：足外侧肌群
- 注意事项：全程均匀呼吸
- 动作要点：大腿带动小腿，从脚后跟外侧依次滚到脚尖外侧

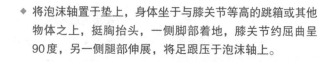

动作讲解

◆ 将泡沫轴置于垫上，身体坐于与膝关节等高的跳箱或其他物体之上，挺胸抬头，一侧脚部着地，膝关节约屈曲呈90度，另一侧腿部伸展，将足跟压于泡沫轴上。

◆ 足心朝内，脚部与泡沫轴接触点由脚跟逐步过渡至脚尖，使泡沫轴在足外侧滚动。完成规定的次数或时间，对侧亦然。

足外侧
滚动

作者简介

杨斌

卡玛效能运动科技创始人

有氧训练专家 | 标准制定者

卡玛效能 | 精准系列认证课程创始人

- 精准评估 Precision Assessment® | 精准训练 Precision Training®

- 精准减脂 Precision Weight Loss® | 精准力量 Precision Strength®

- 精准伸展 Precision Stretching® | 精准营养 Precision Nutrition®

- 精准康复 Precision Rehabilitation®

卡玛效能精准减脂管理软件创始人

中国国家队国奥精准营养管理软件核心设计人员

曾任美国运动医学会（ACSM）、美国国家体能协会（NSCA）、国际运动科学协会（ISSA）中国区讲师

国家体育总局行业职业技能鉴定专家委员会专家

耐克Nike大中华区顾问导师

CCTV-5特邀运动健康专家

北京特警总队体能顾问、贵阳市公安局警训部体能顾问

2003年全国健美锦标赛青年75公斤级冠军

著有《家庭健身训练图解》

译有《精准拉伸：疼痛消除和损伤预防的针对性练习》《拉伸致胜：基于柔韧性评估和运动表现提升的筋膜拉伸》等作品